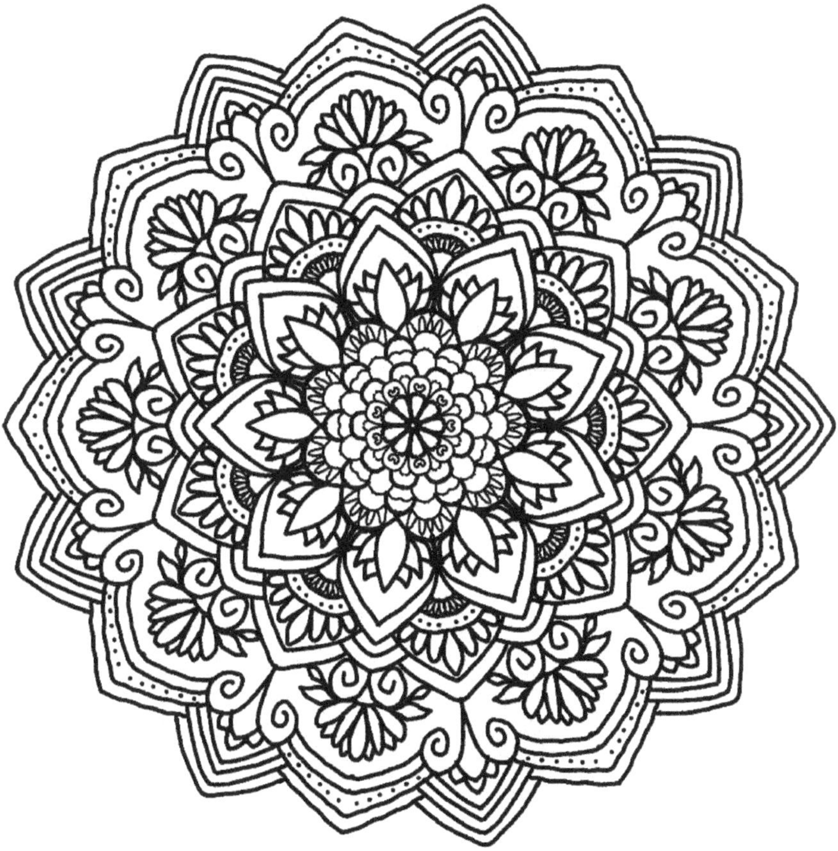

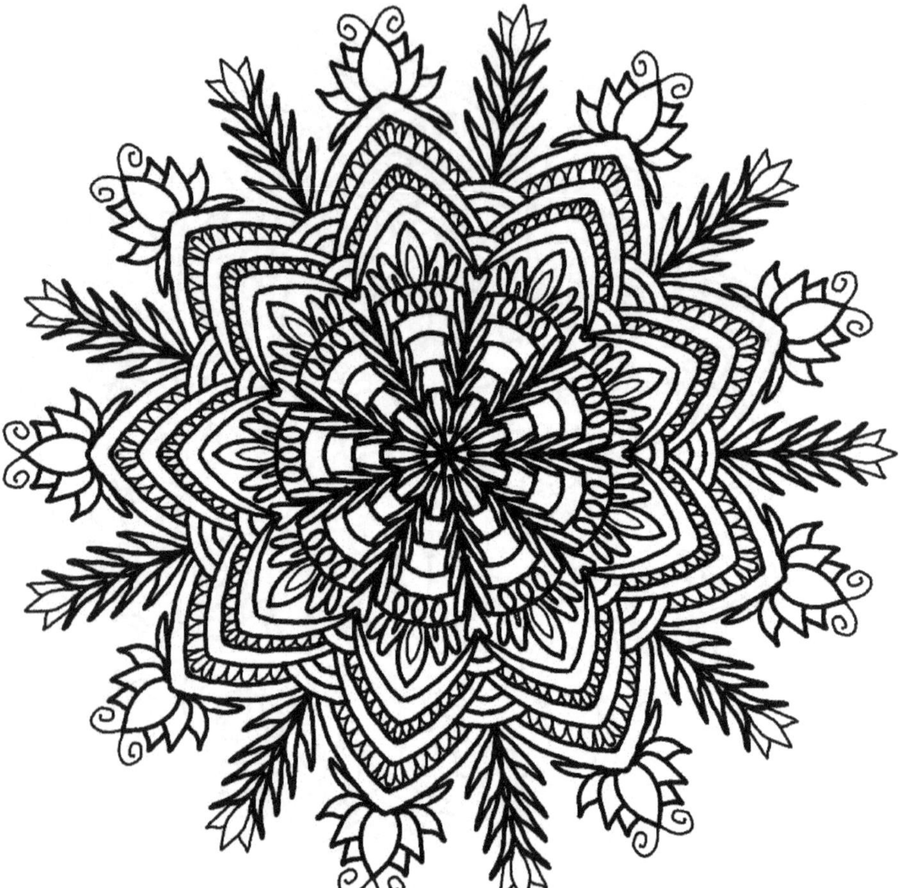

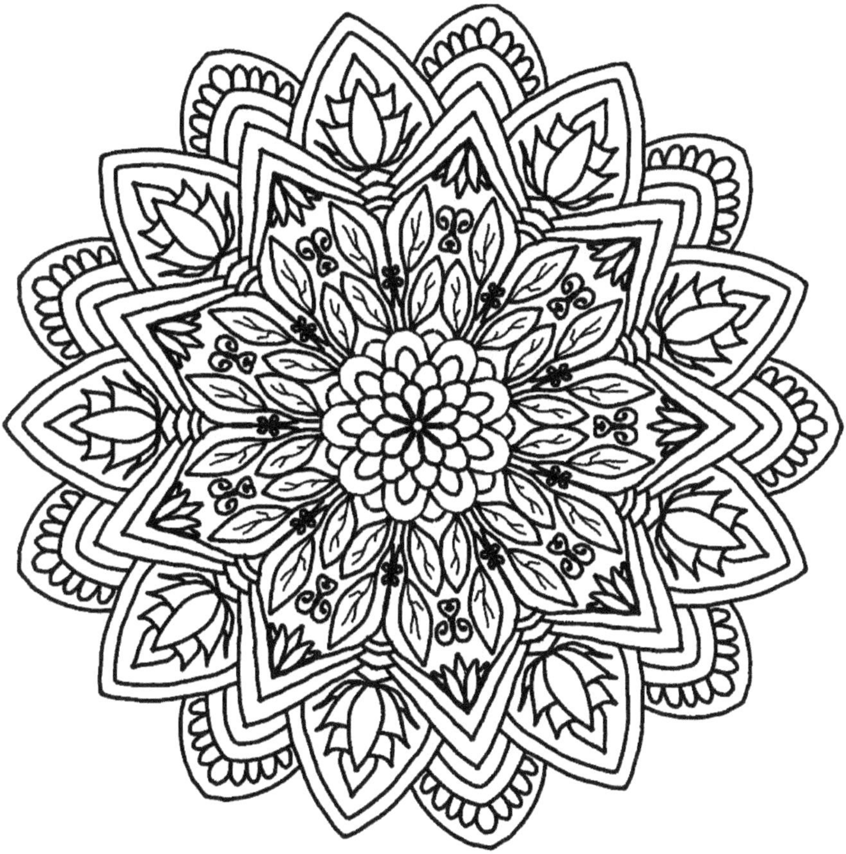

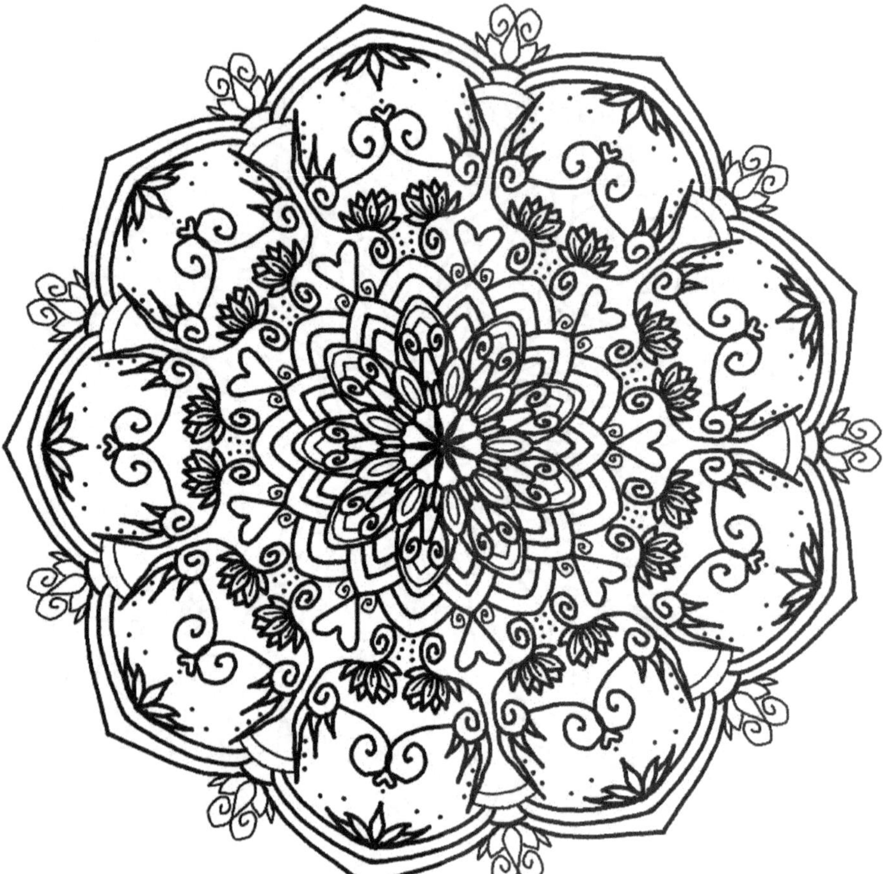

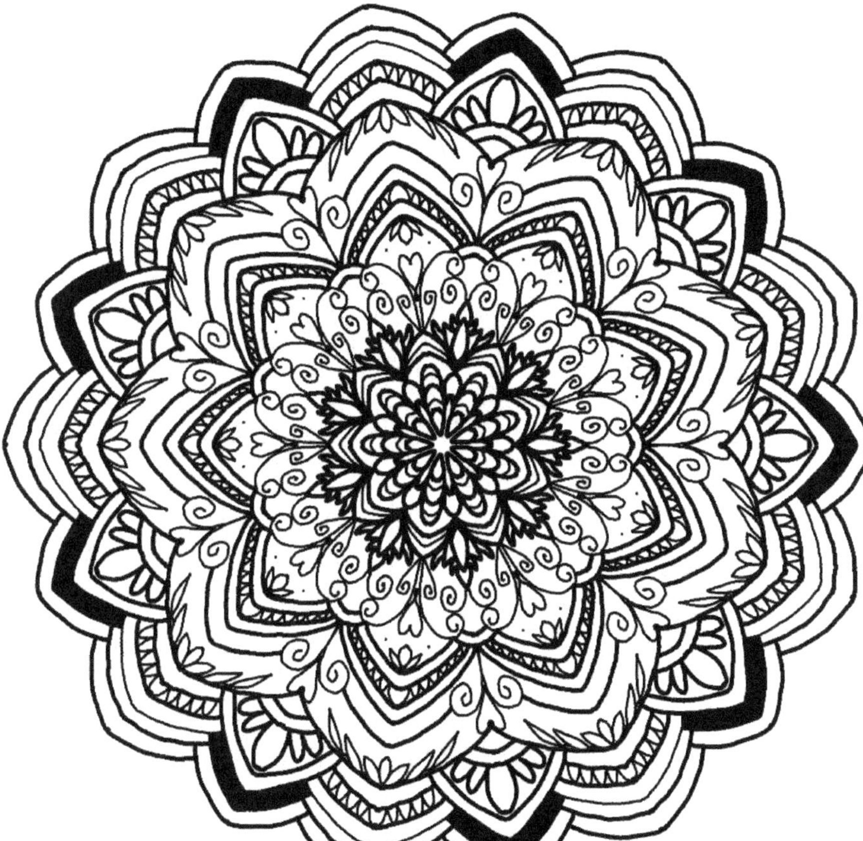

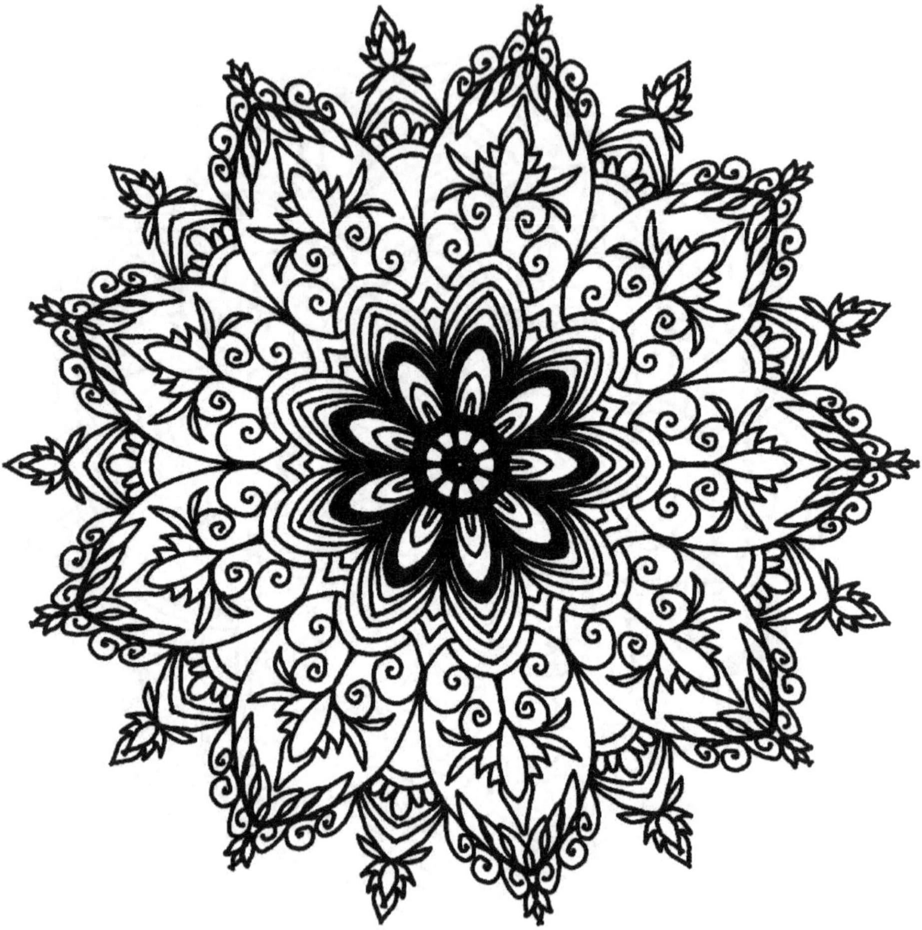

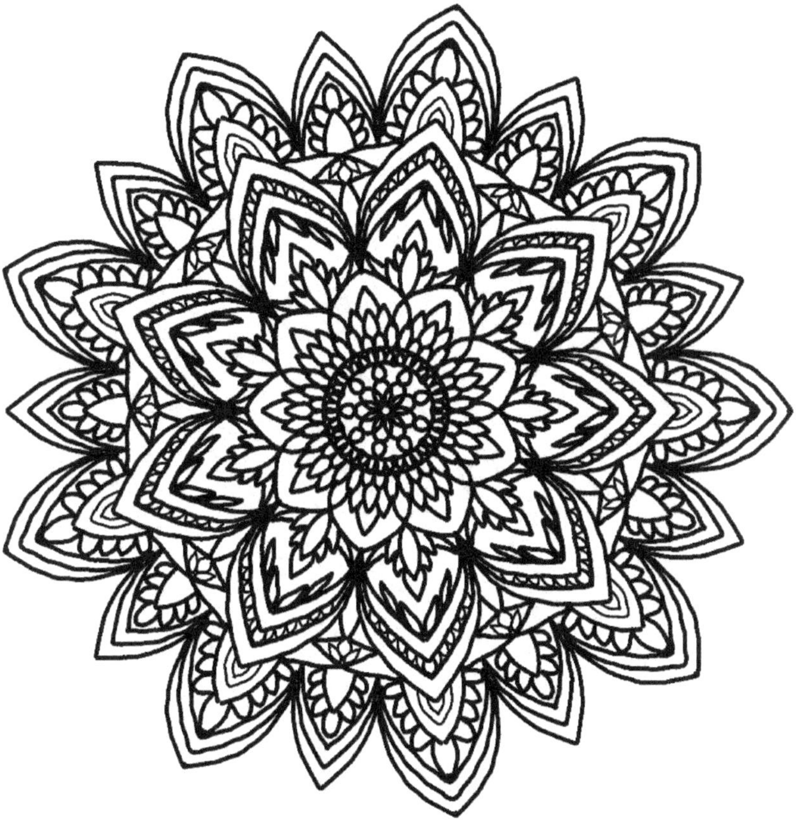

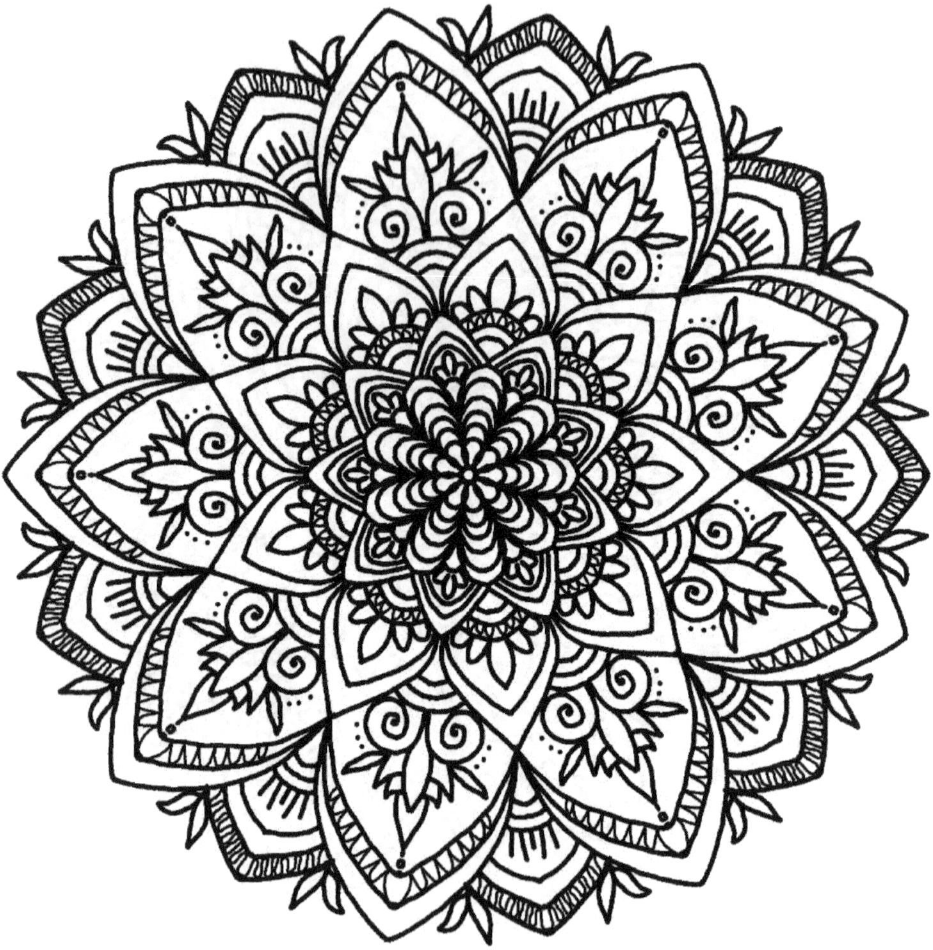

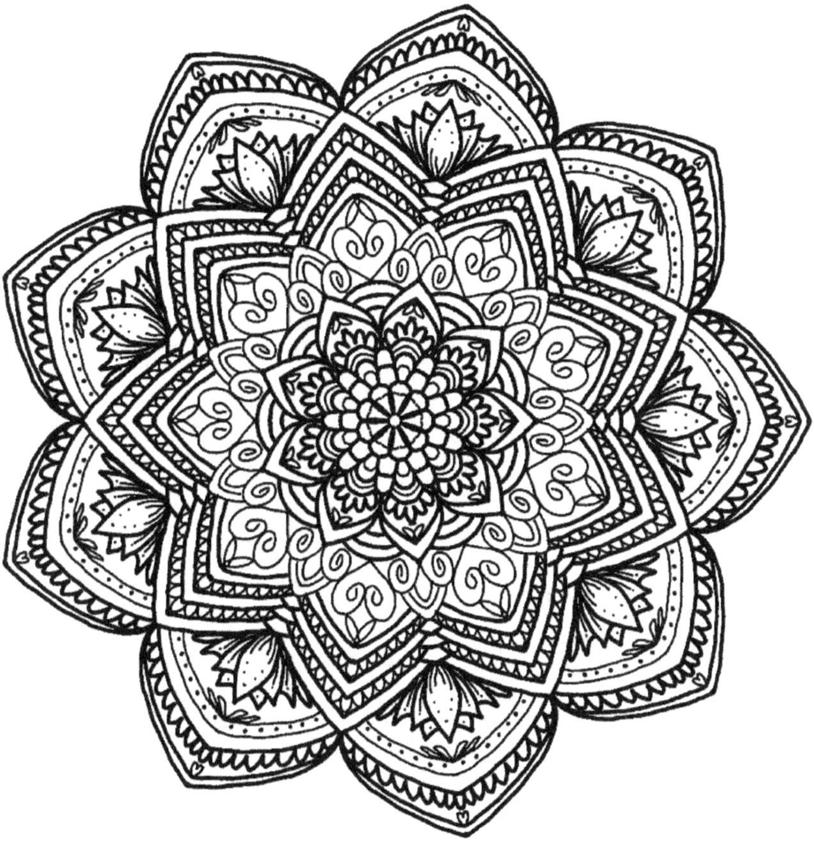

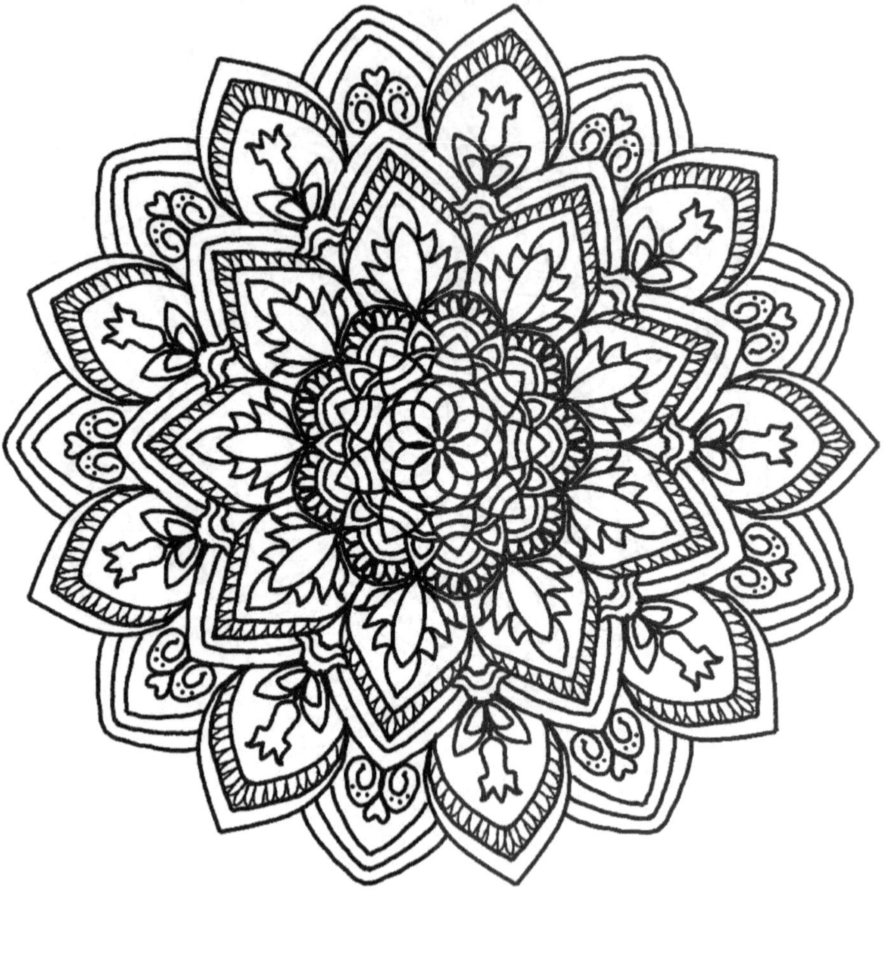

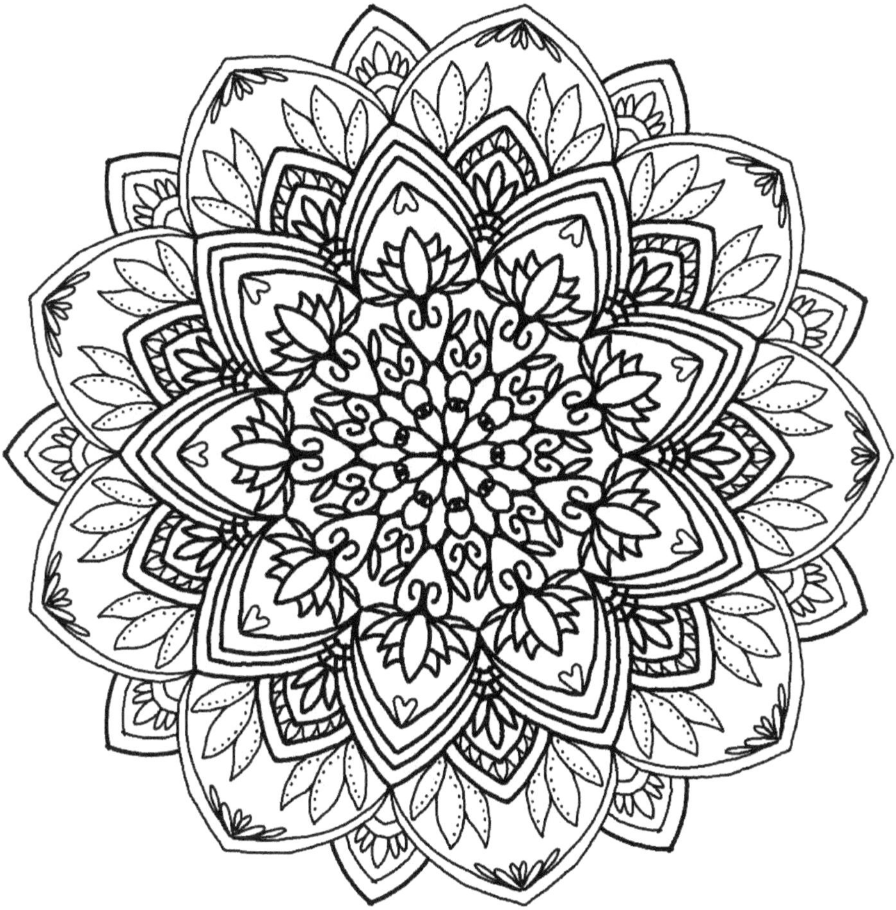

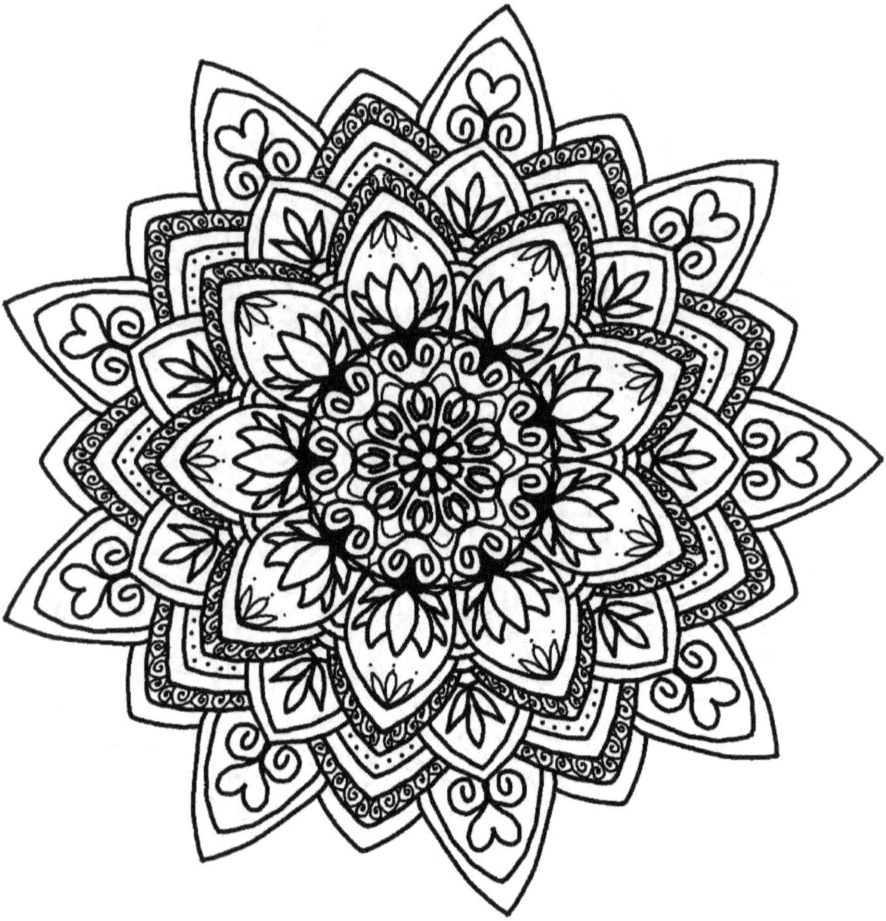

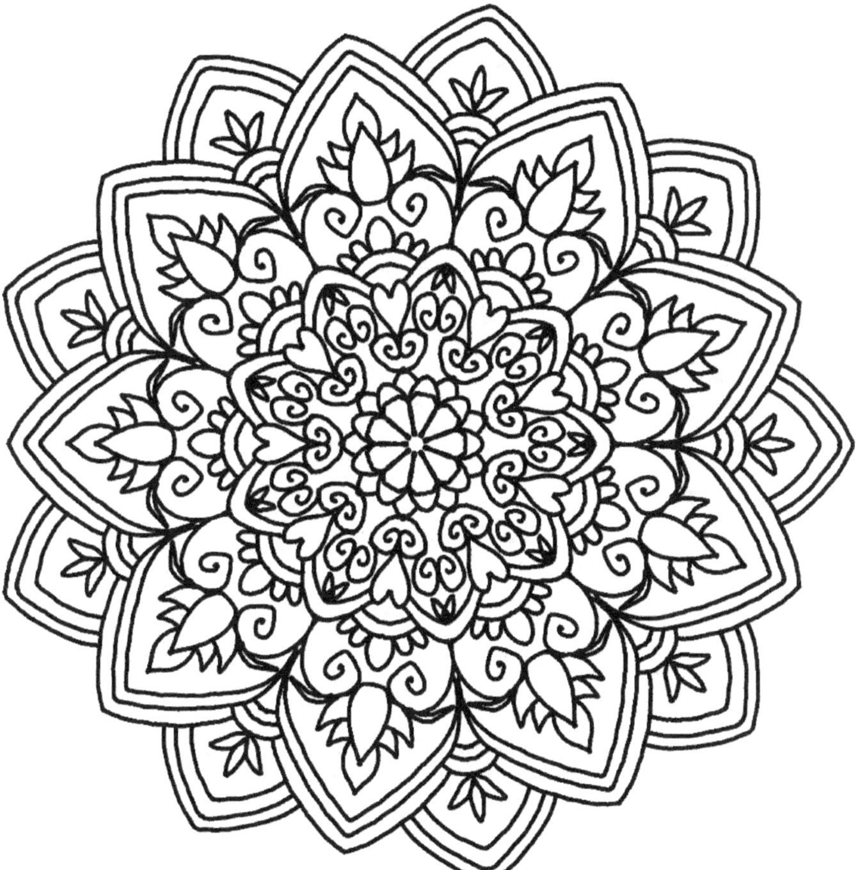

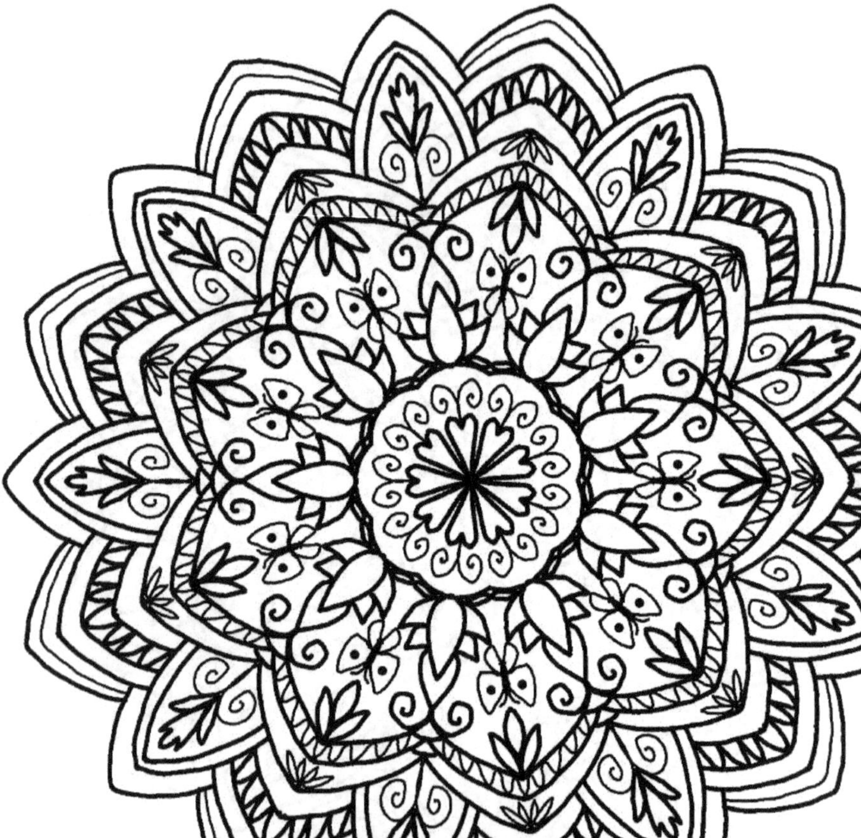

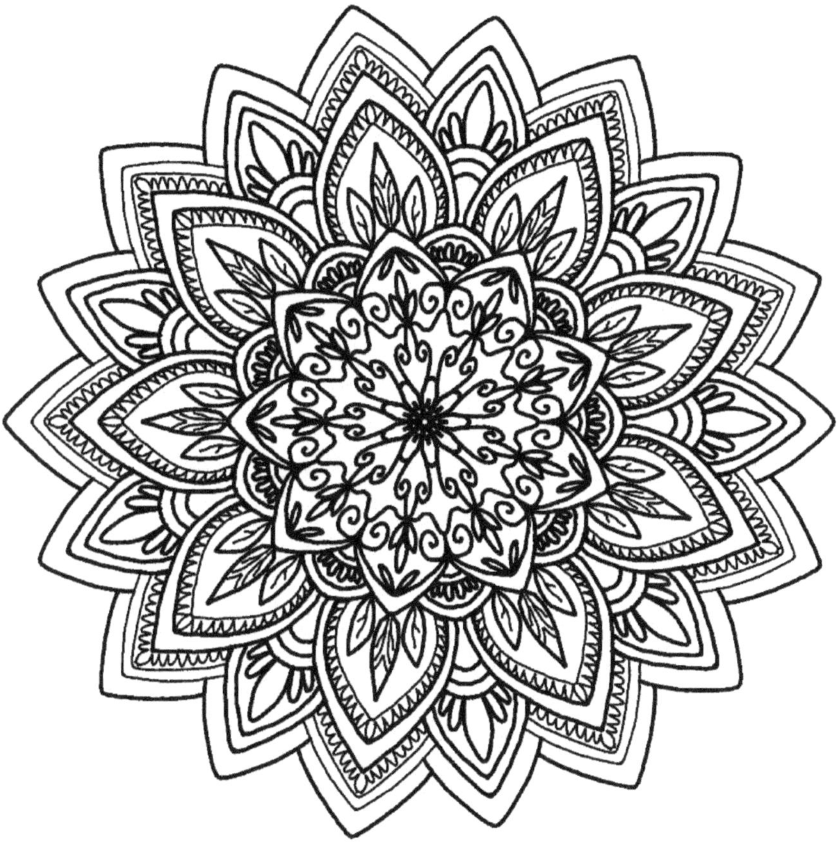

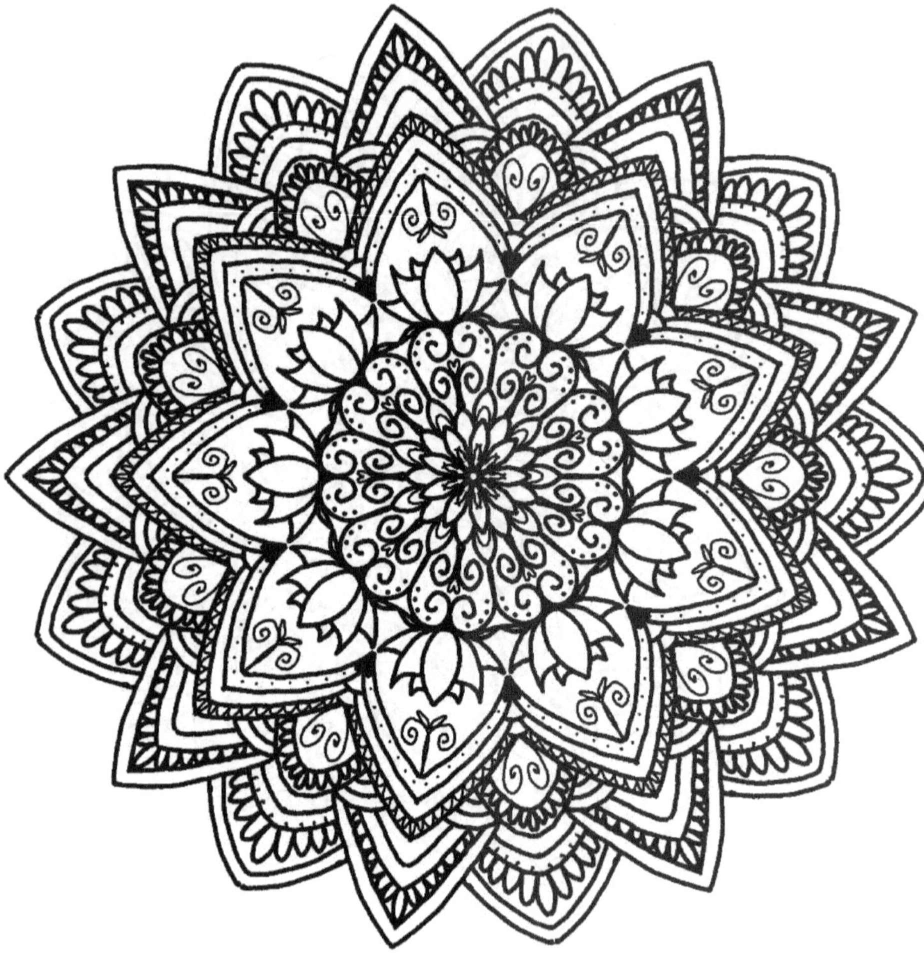

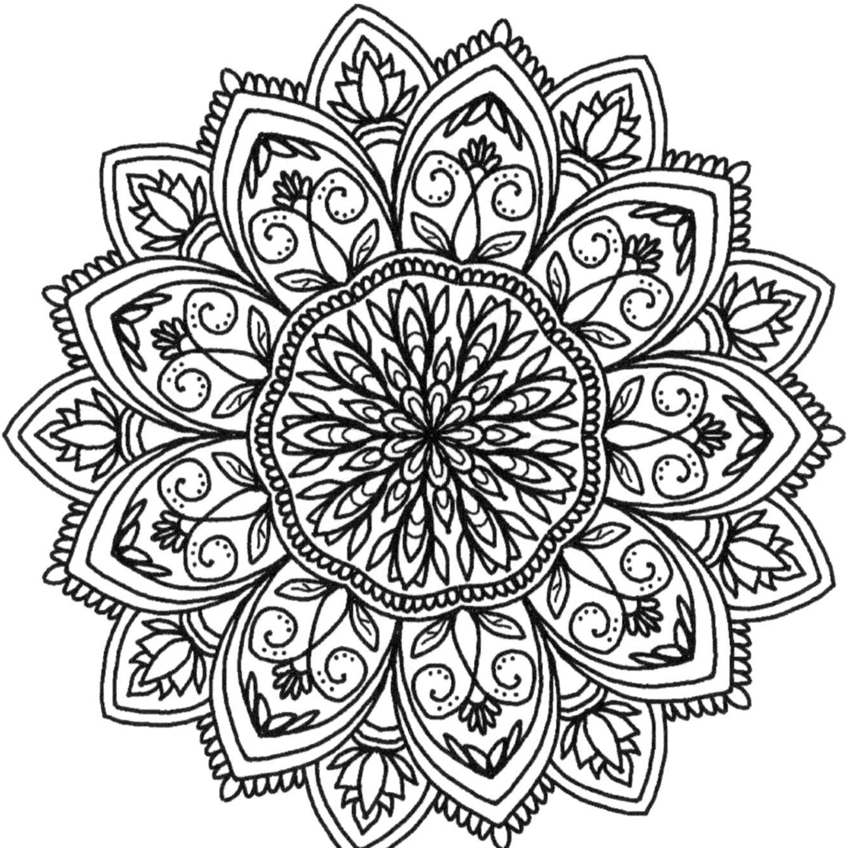

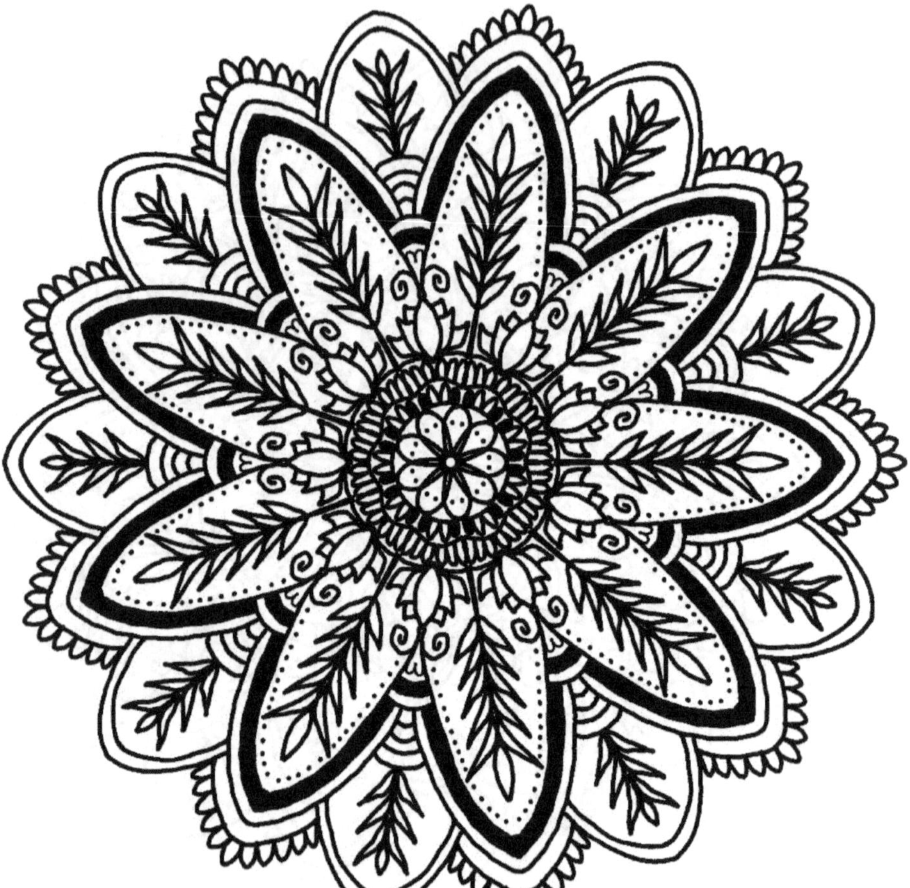

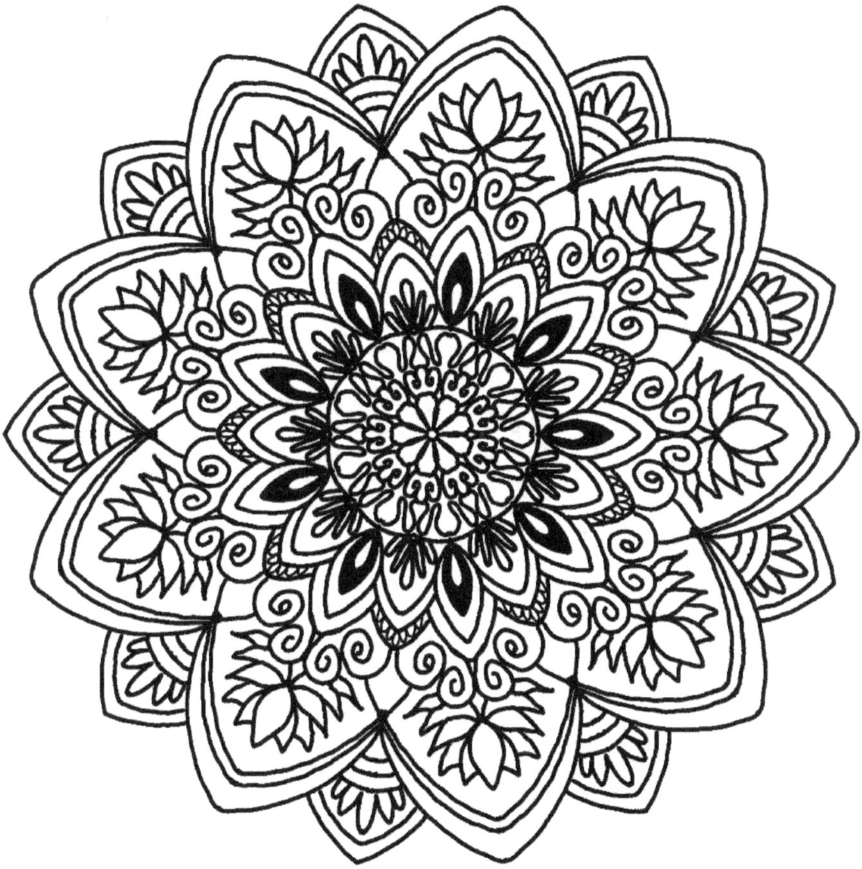

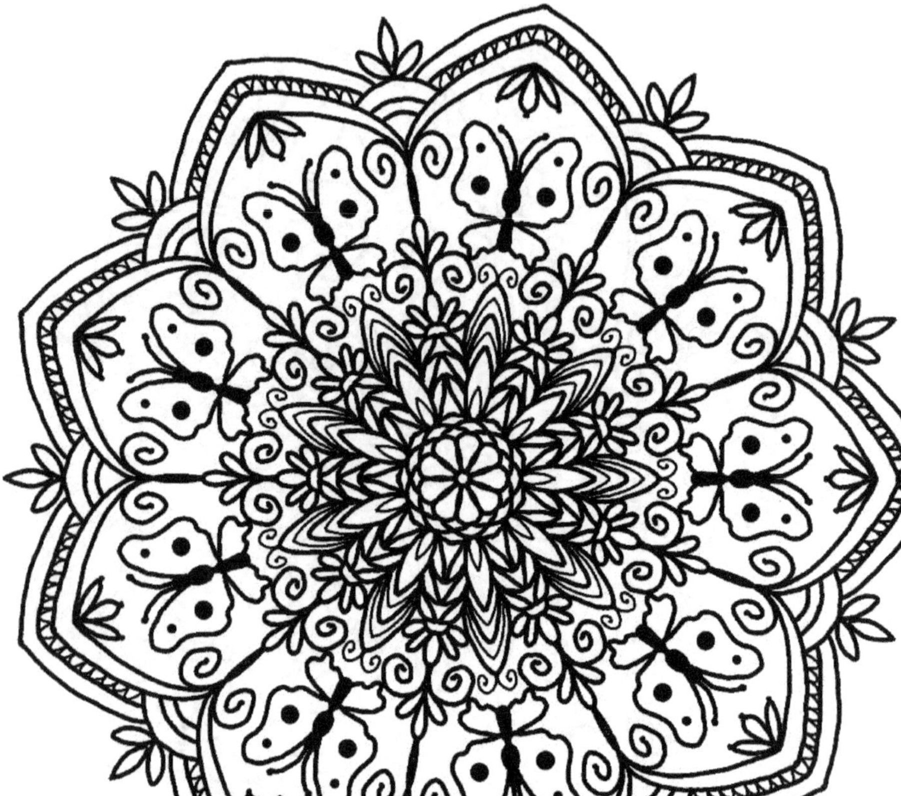

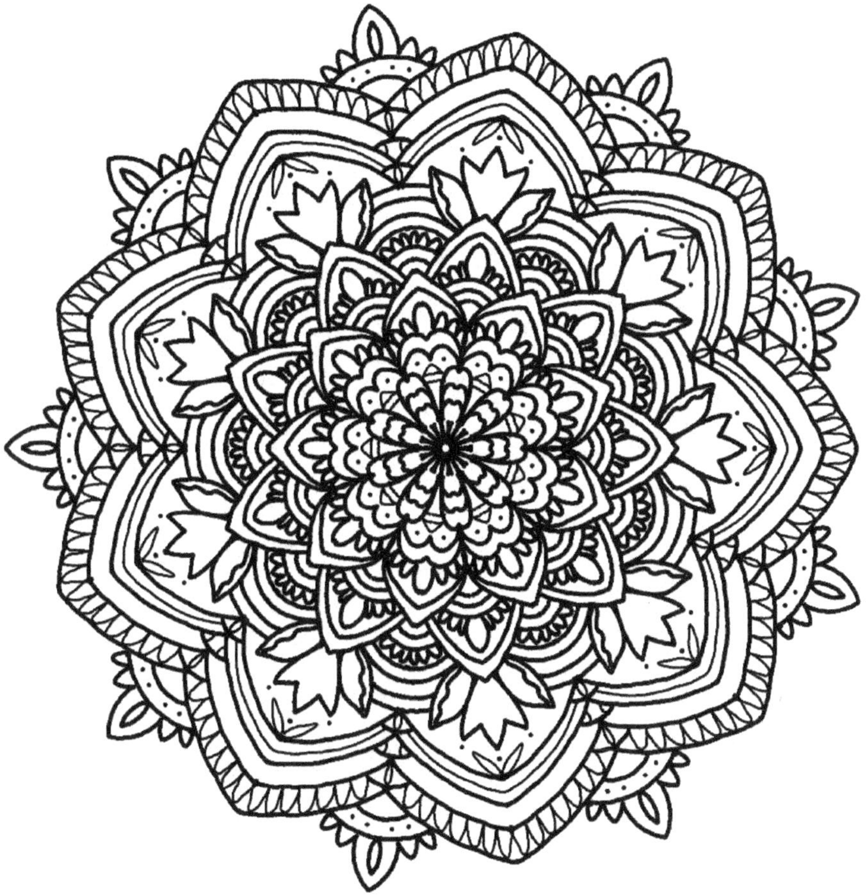

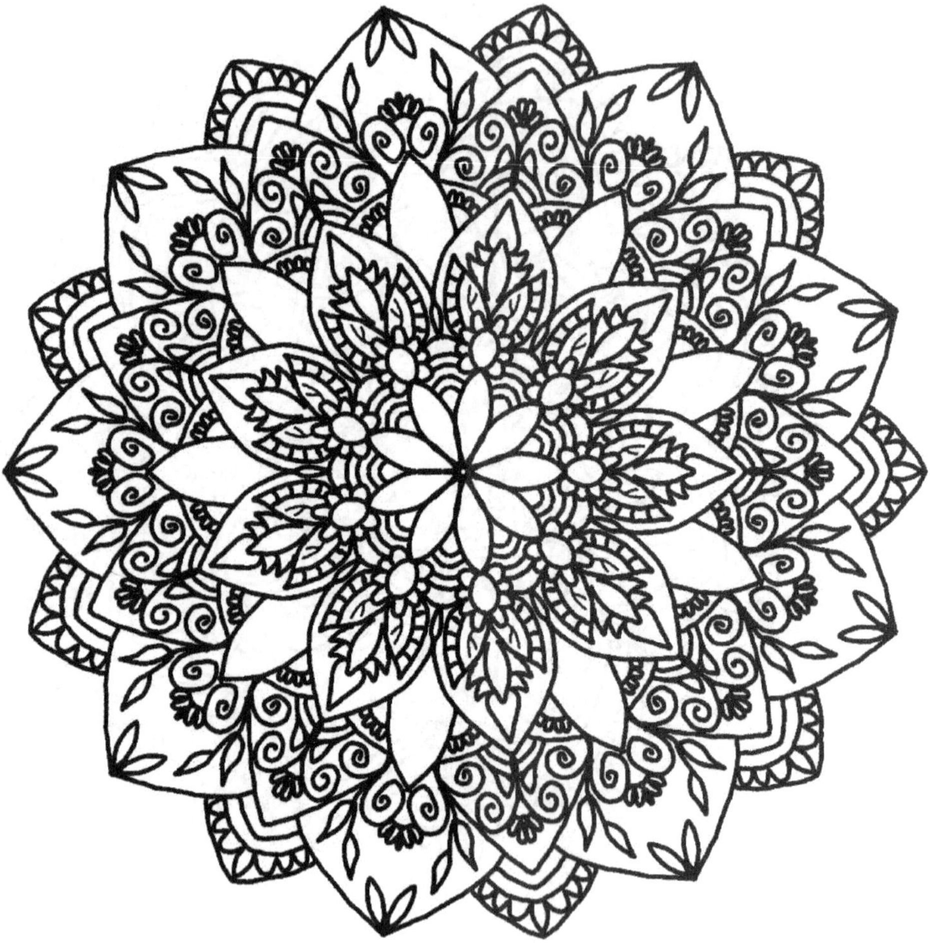

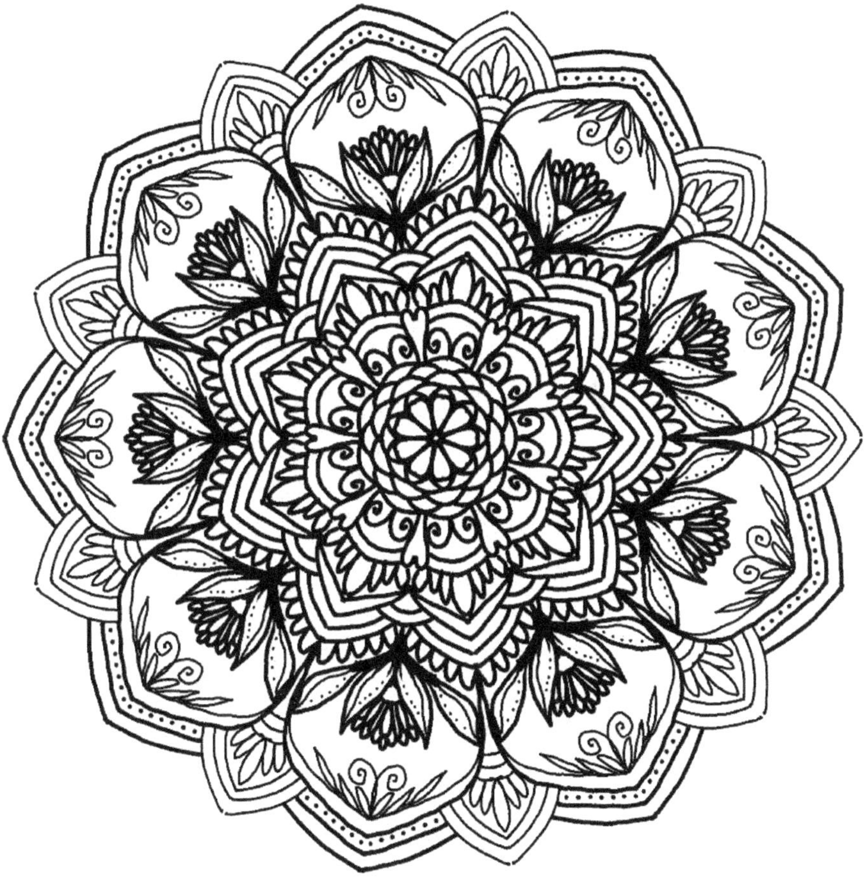

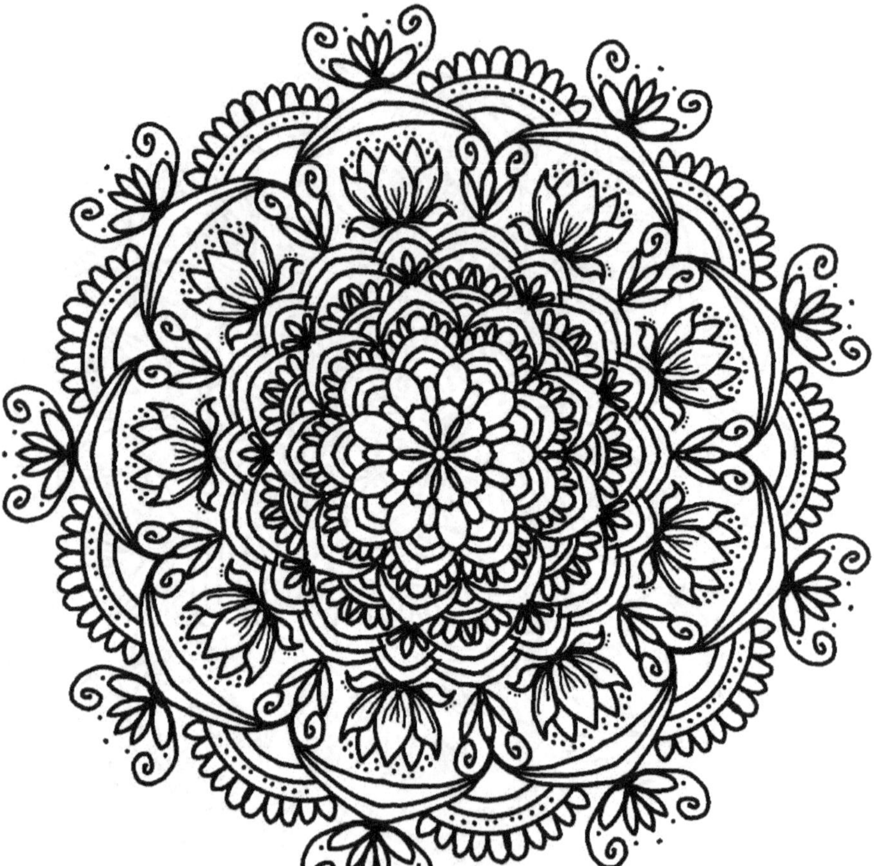

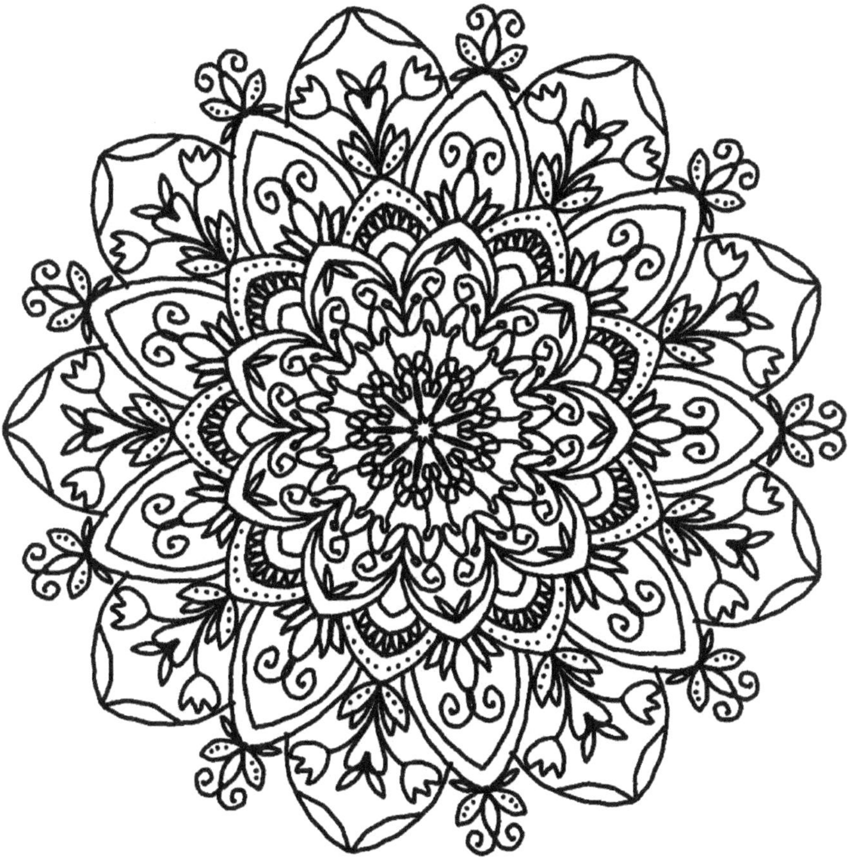

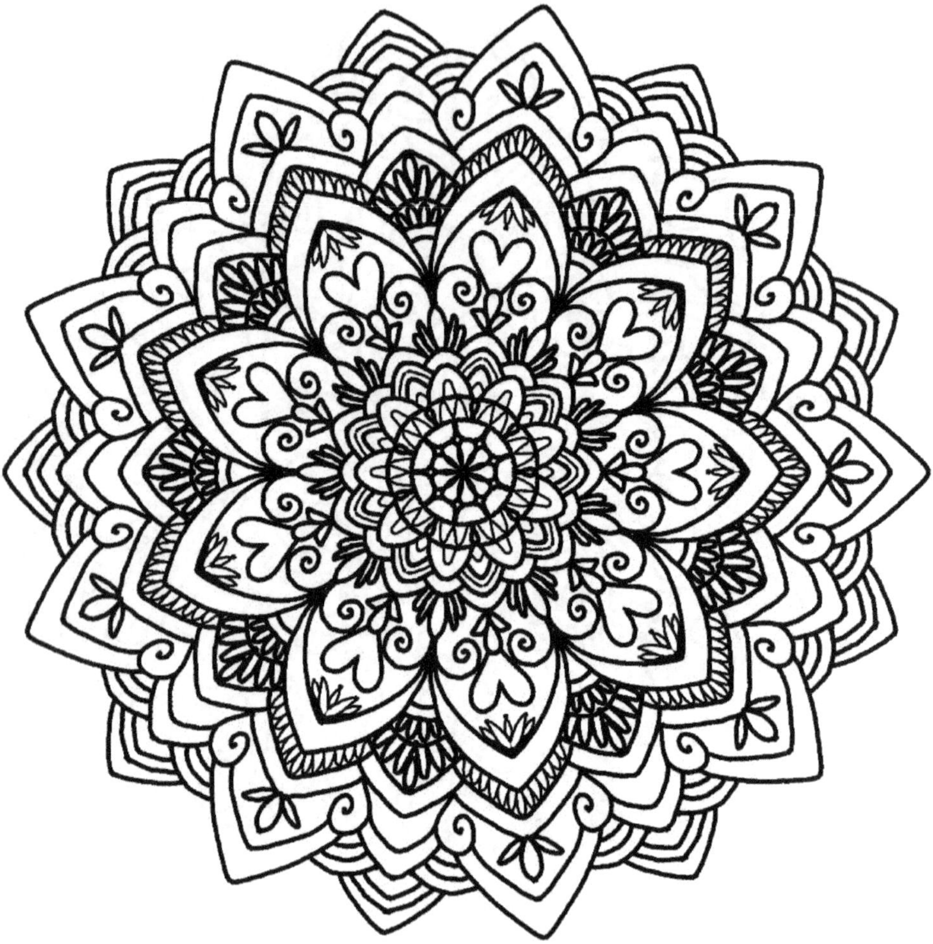

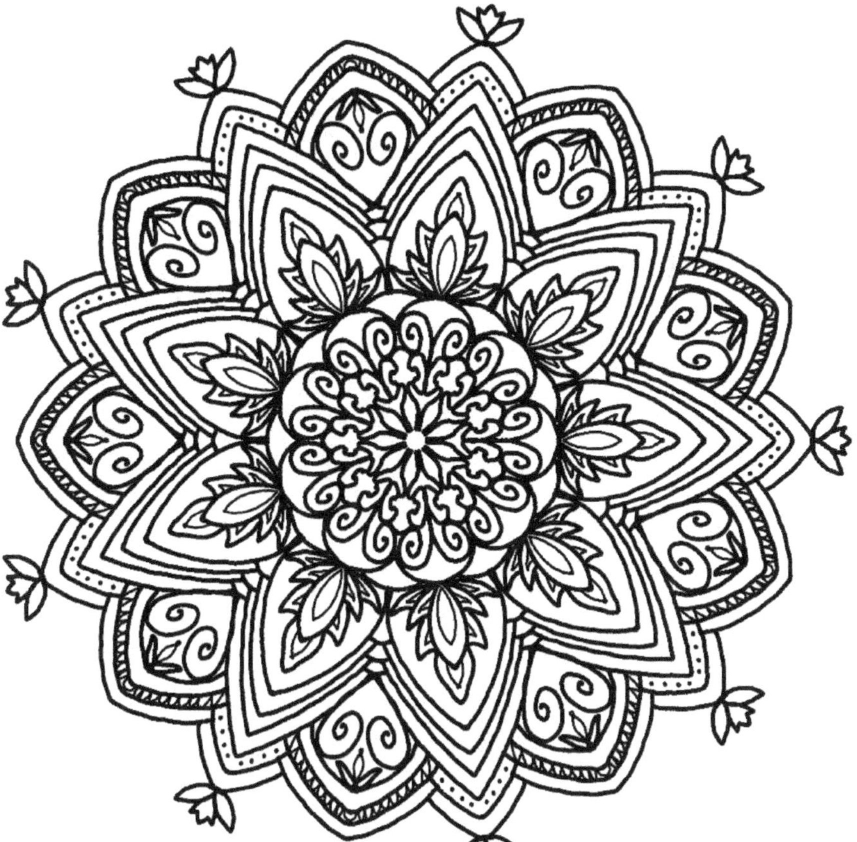

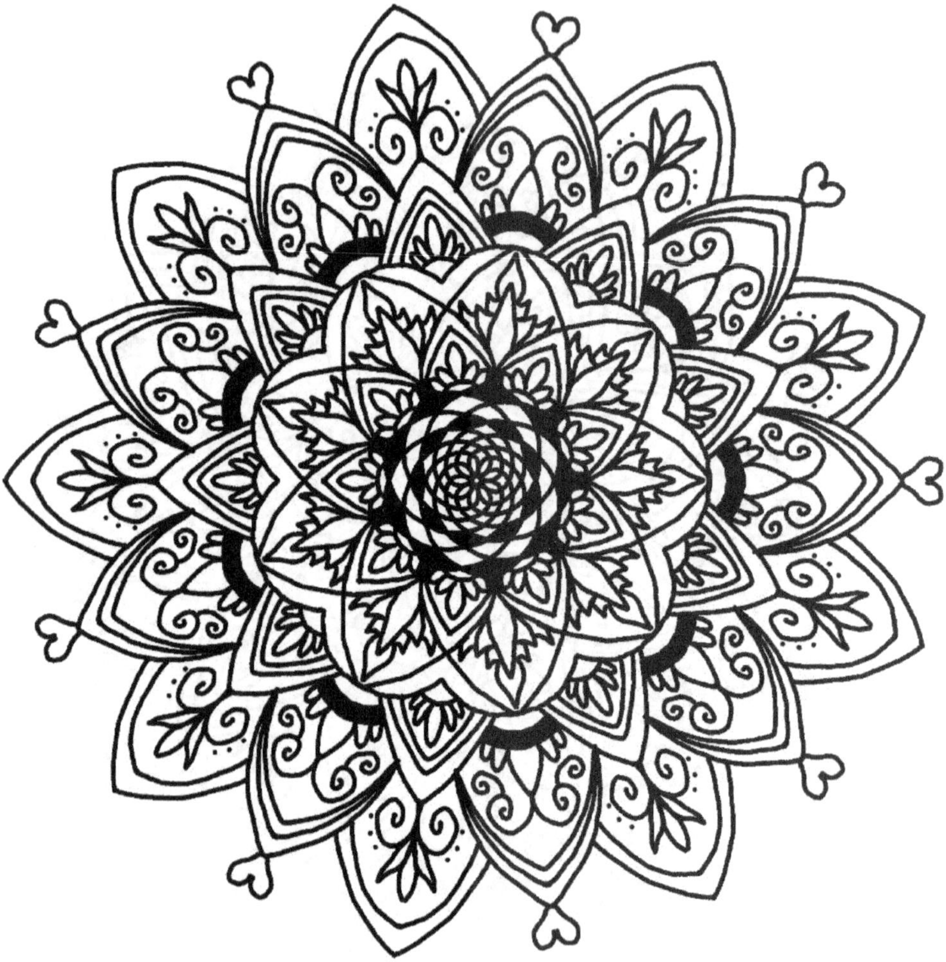

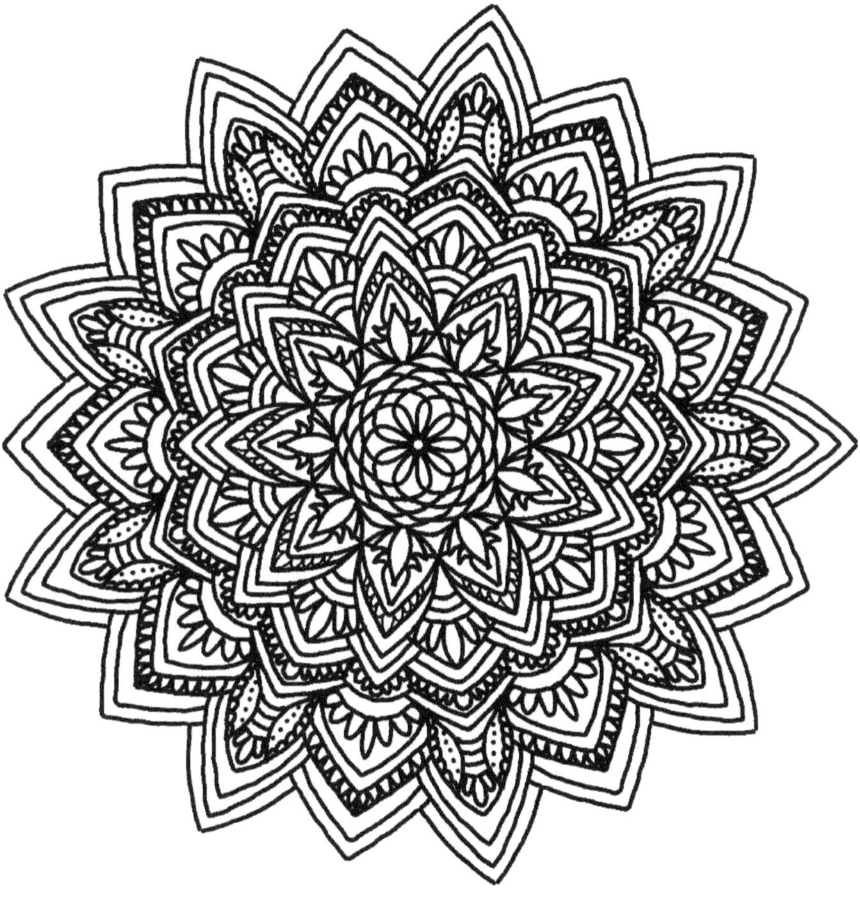

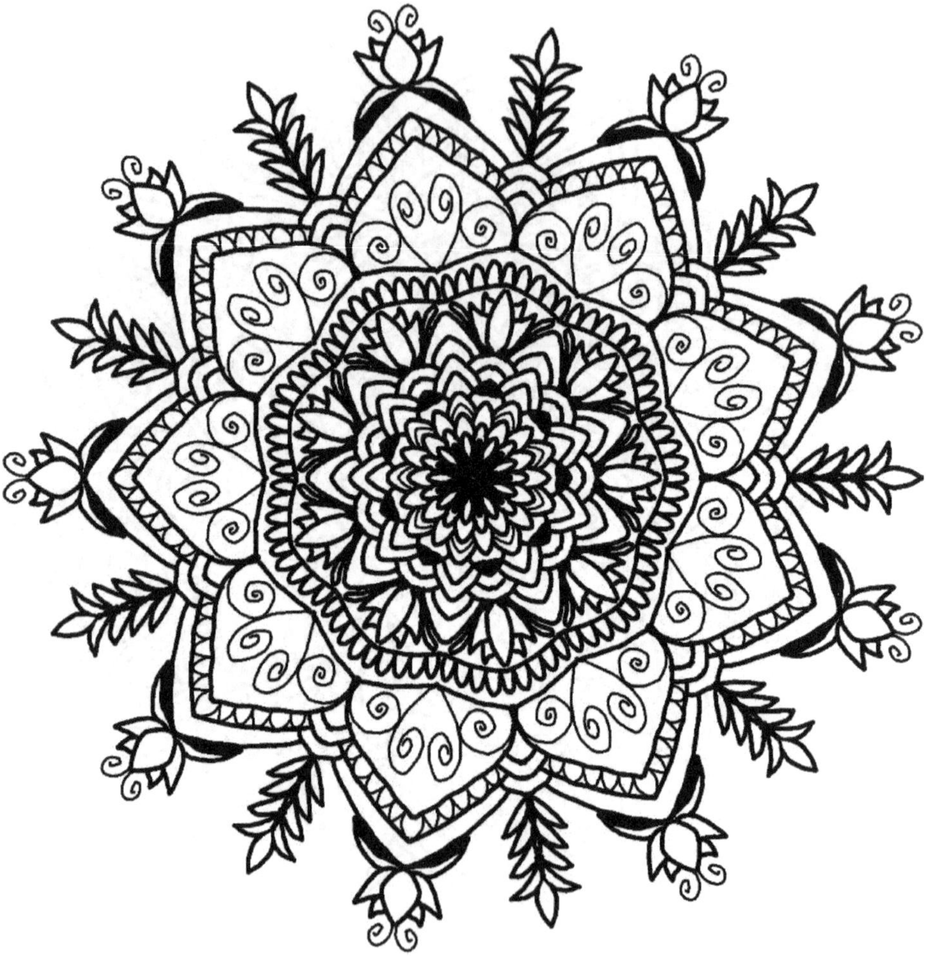

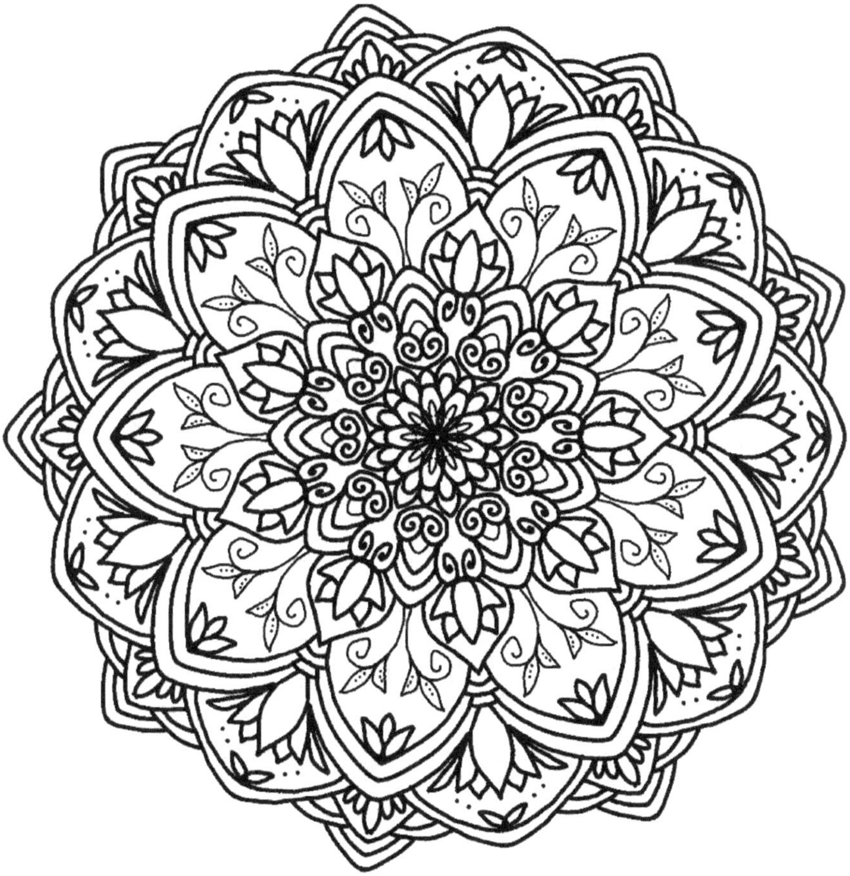

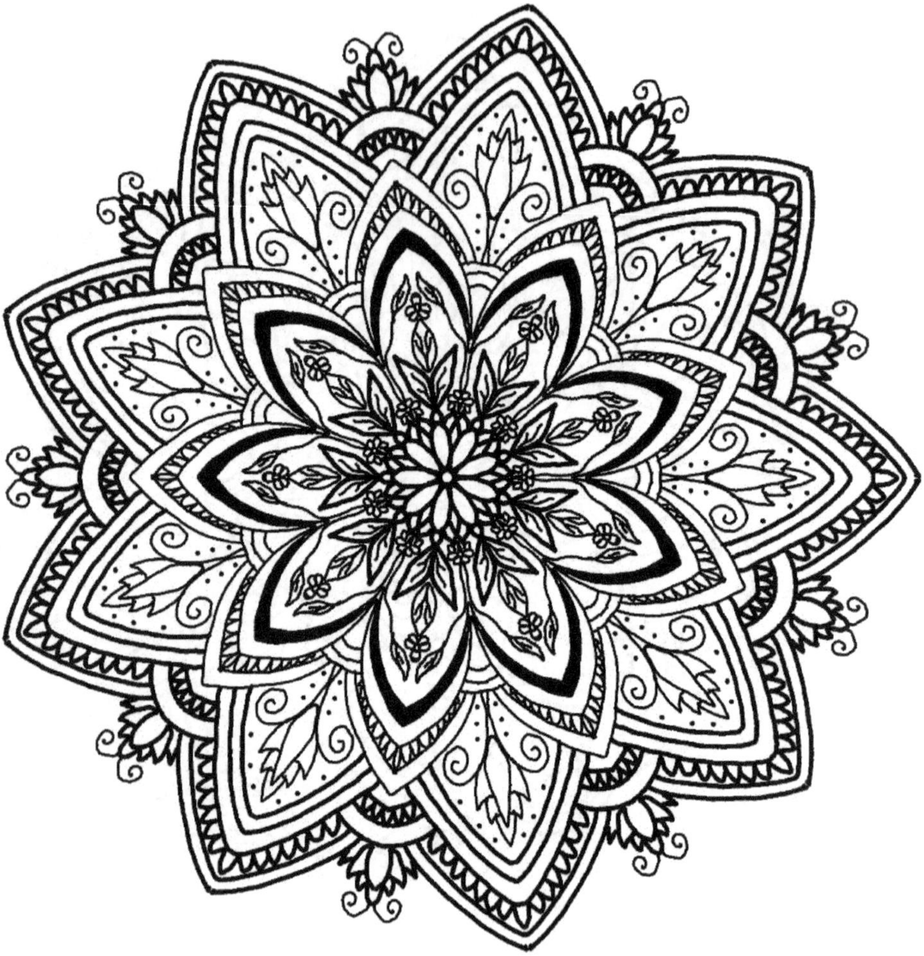

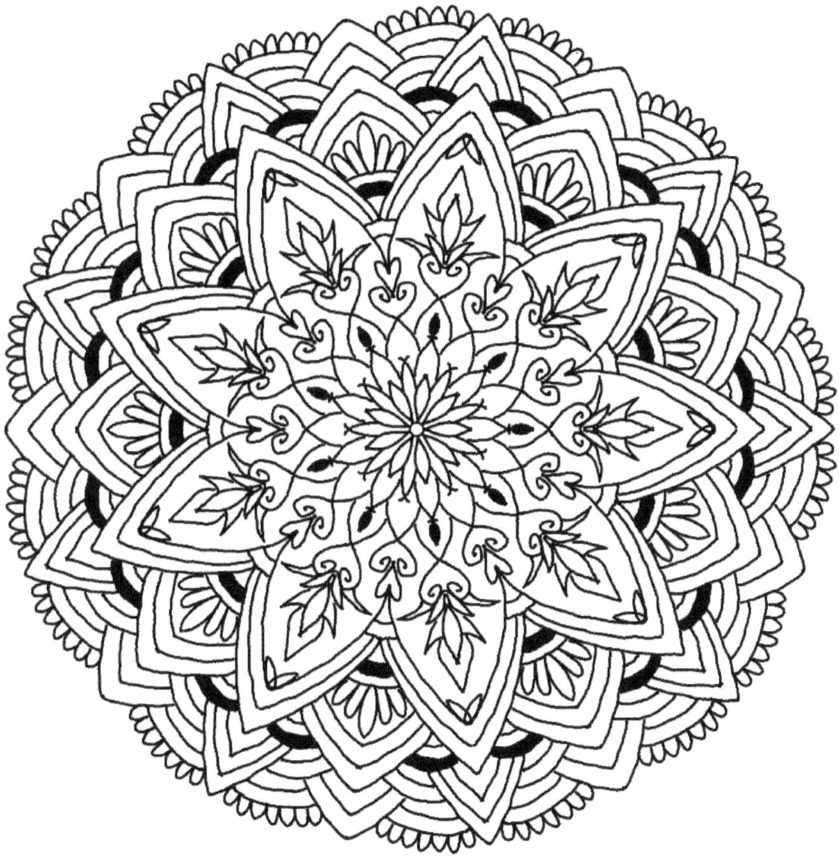

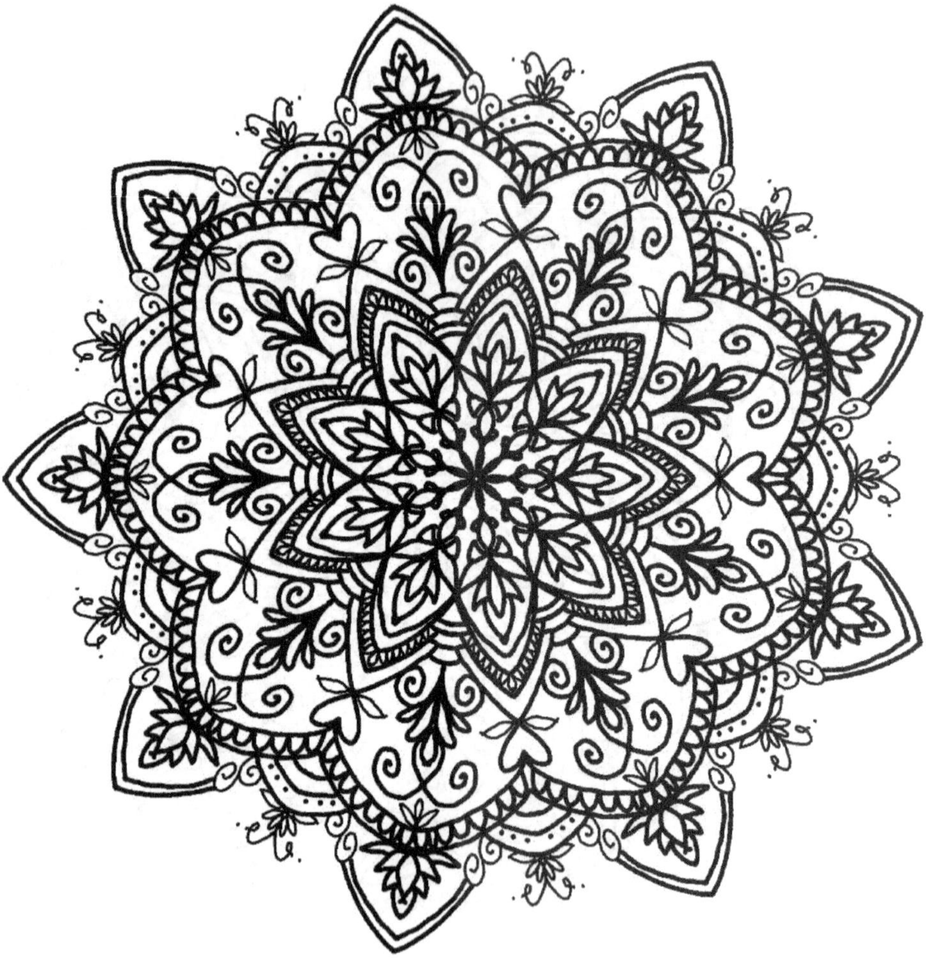

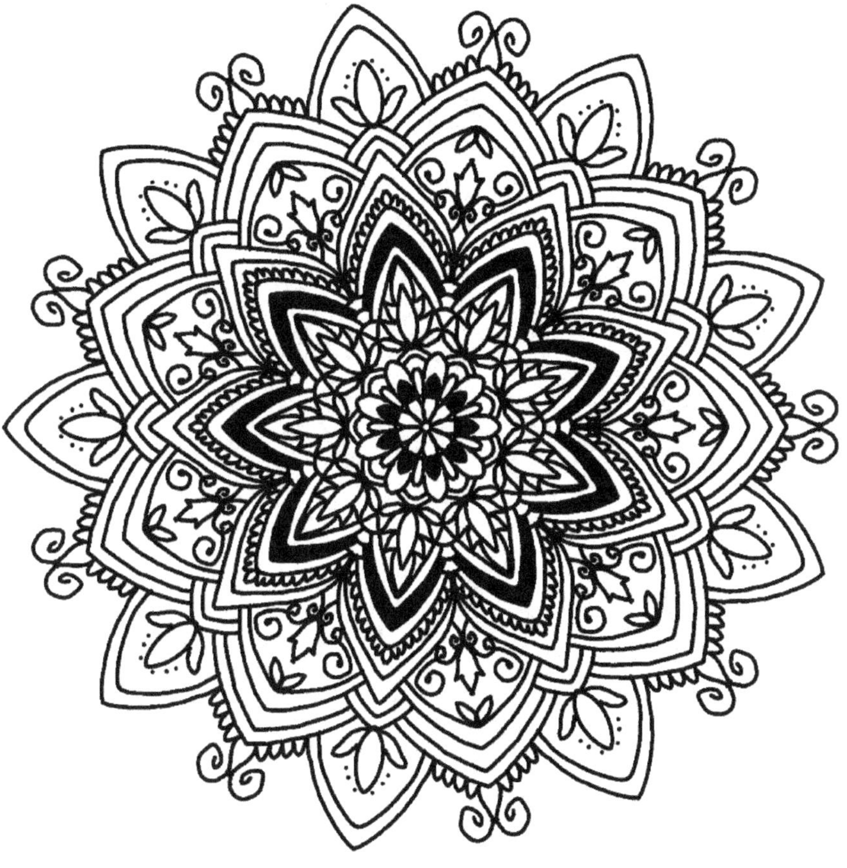

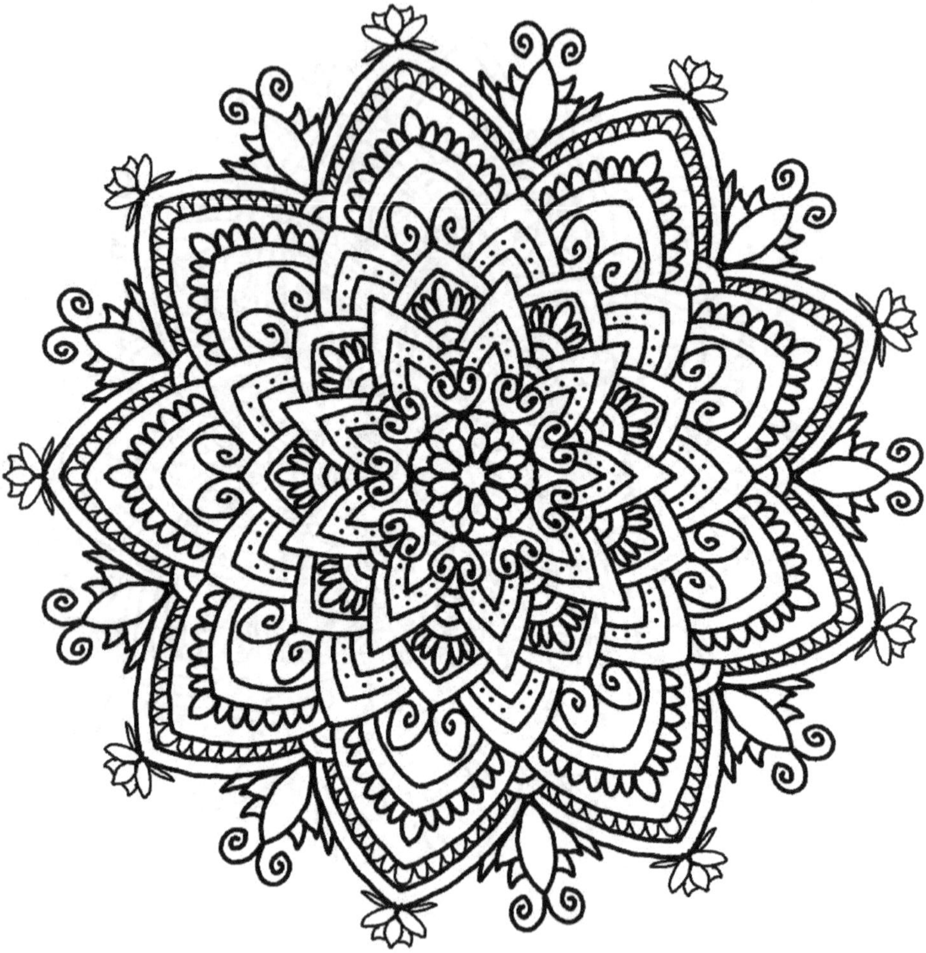

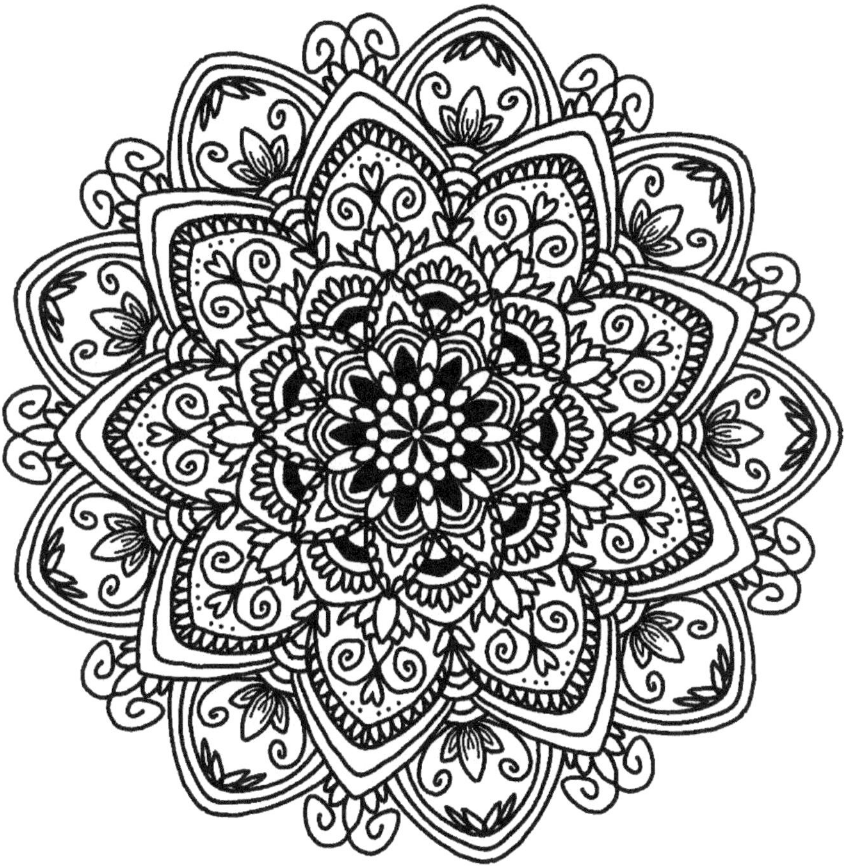

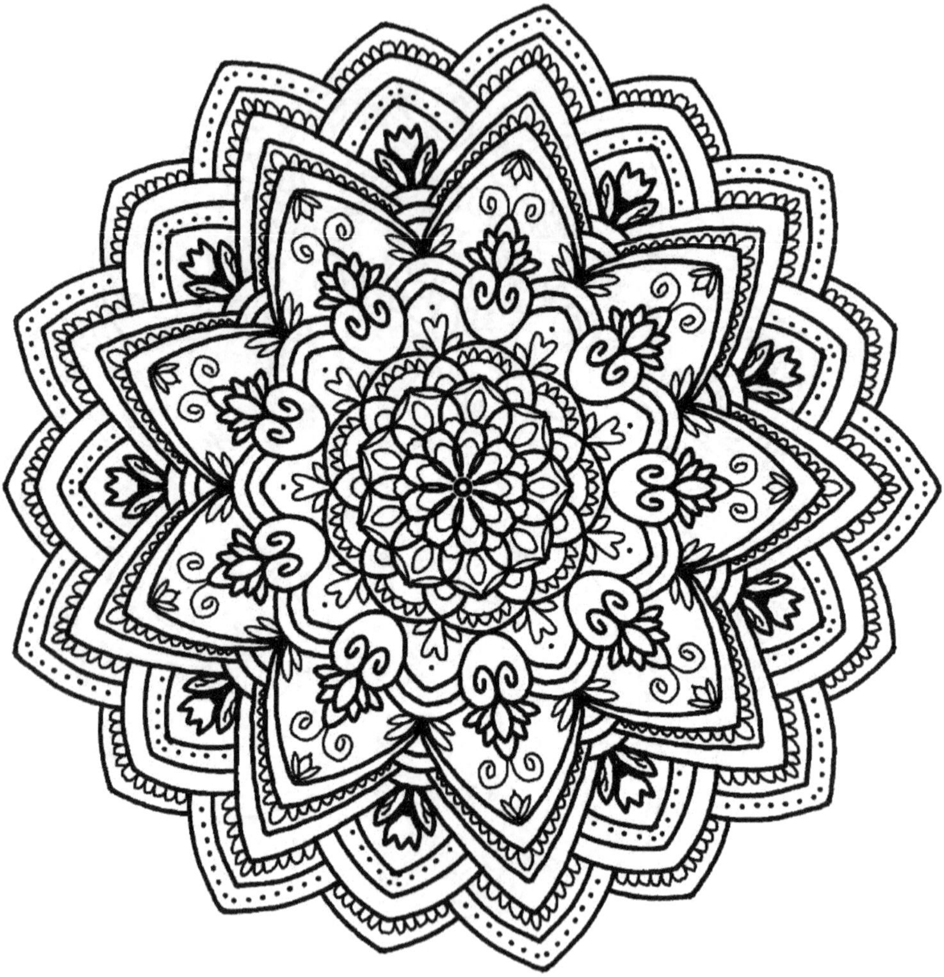

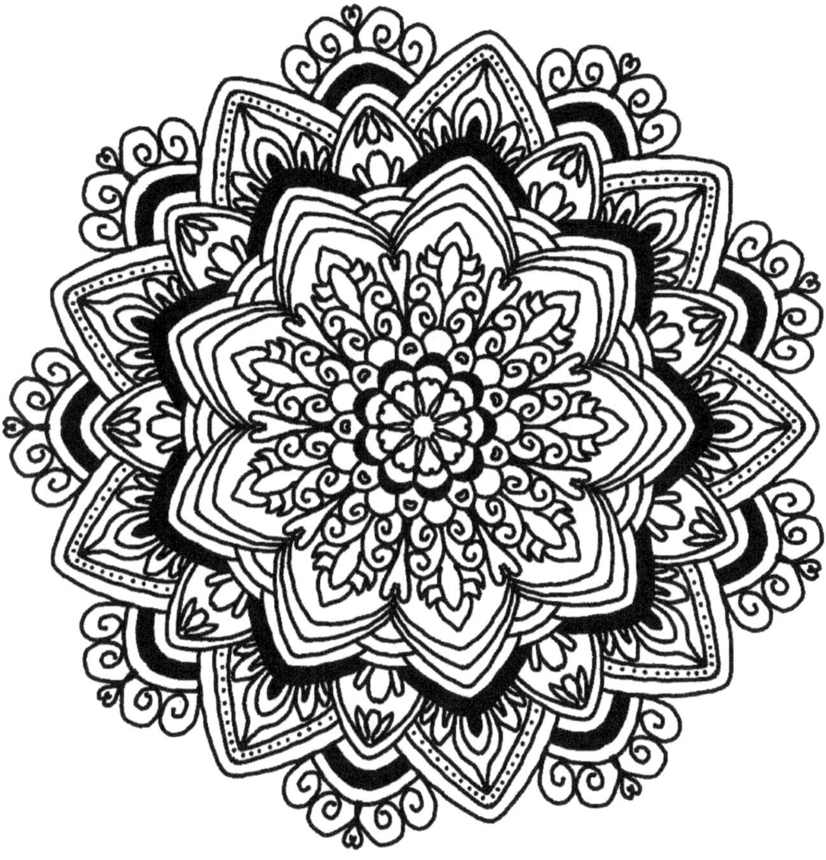

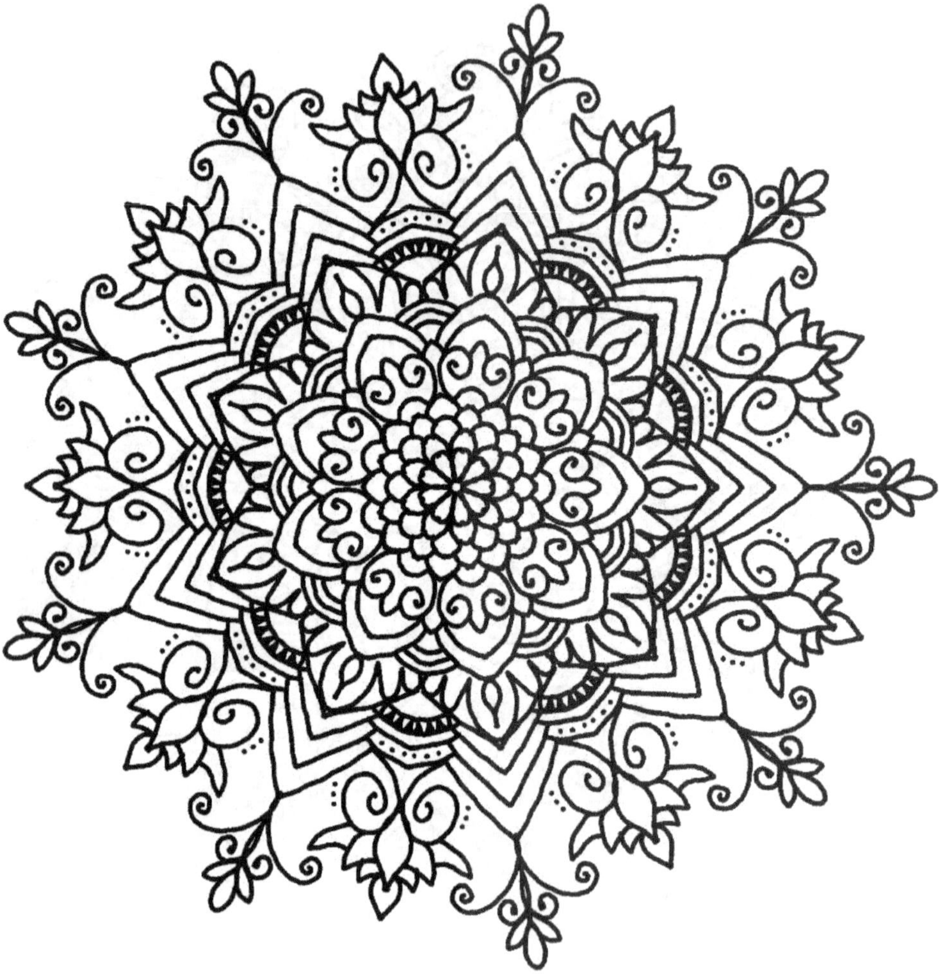

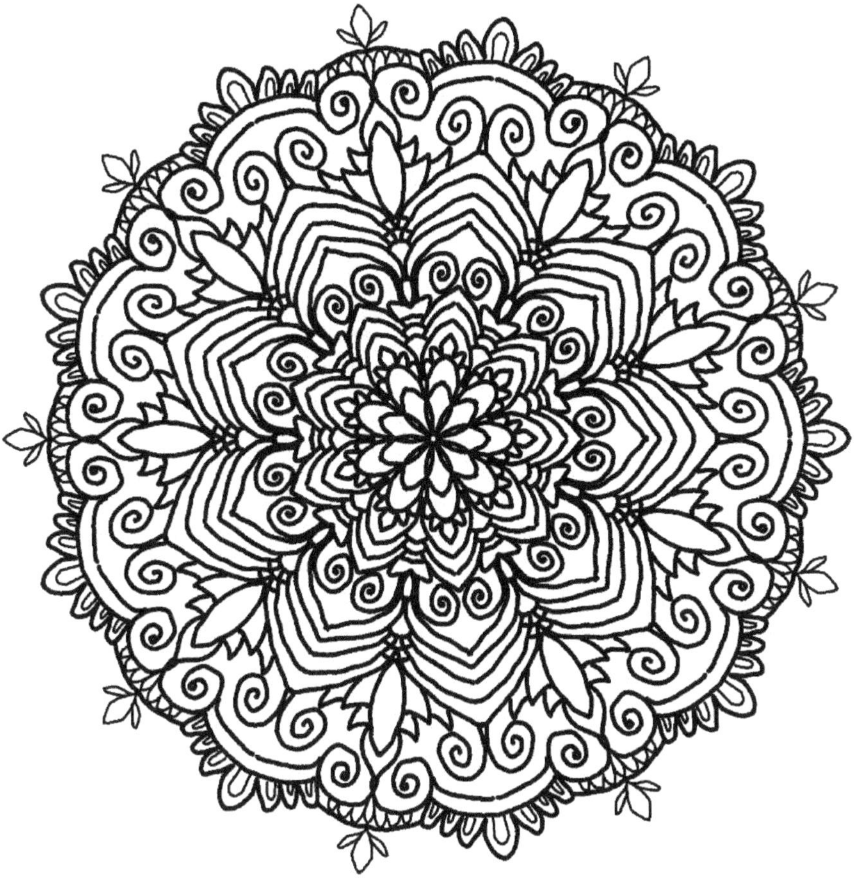

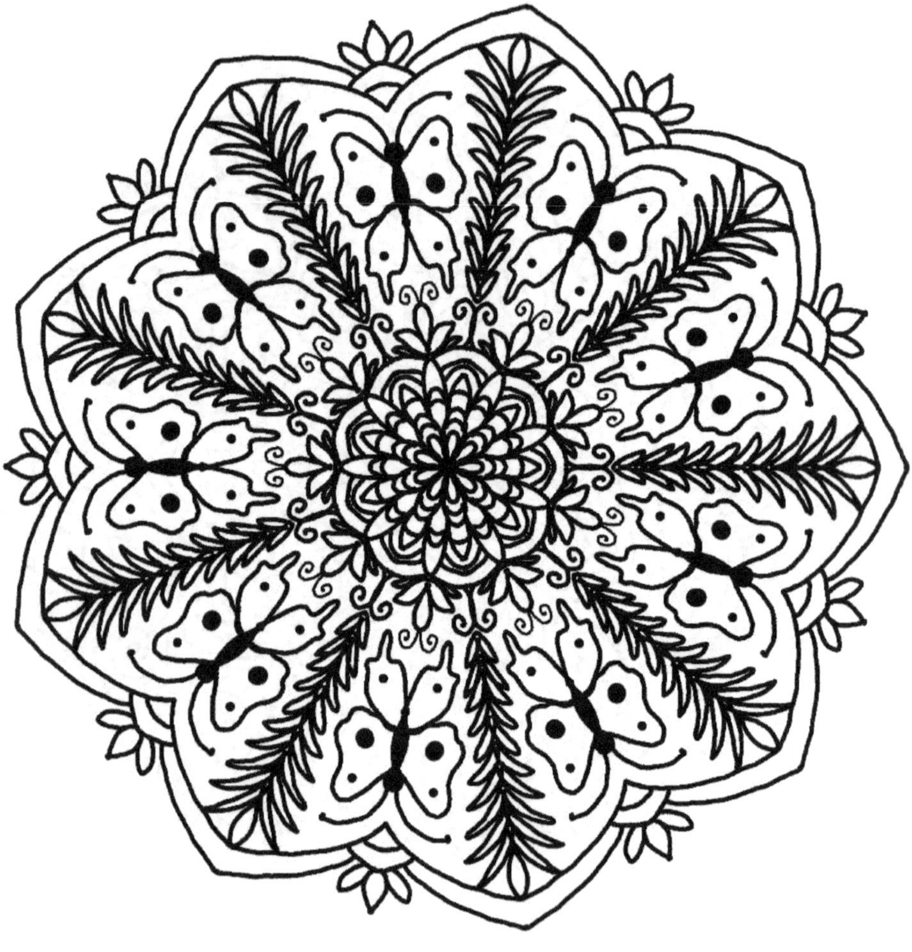

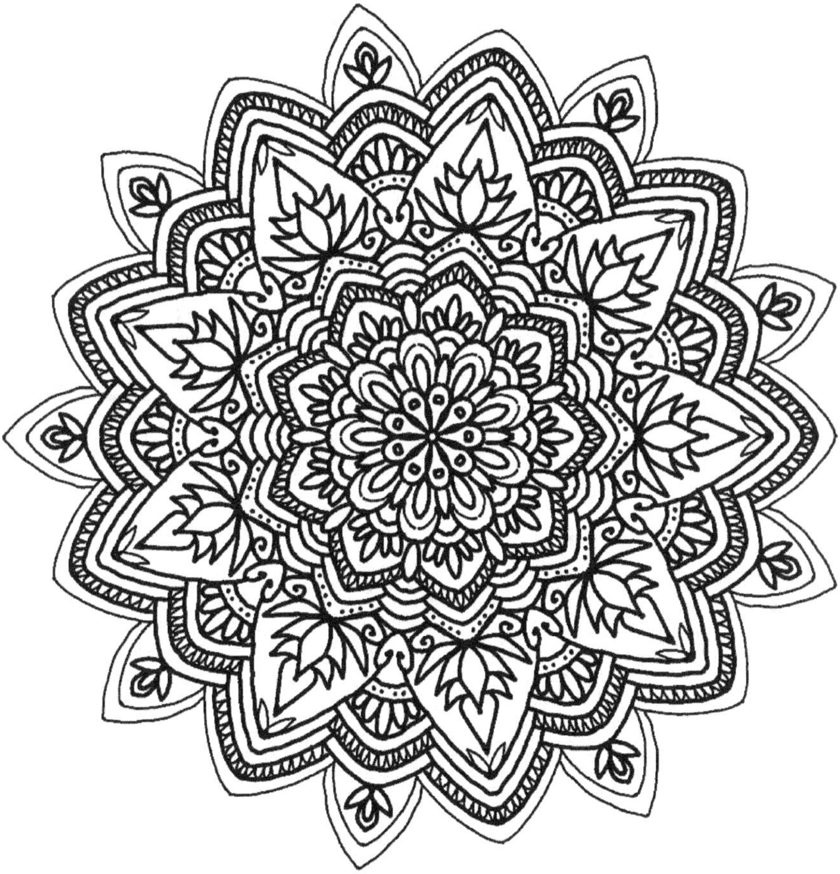

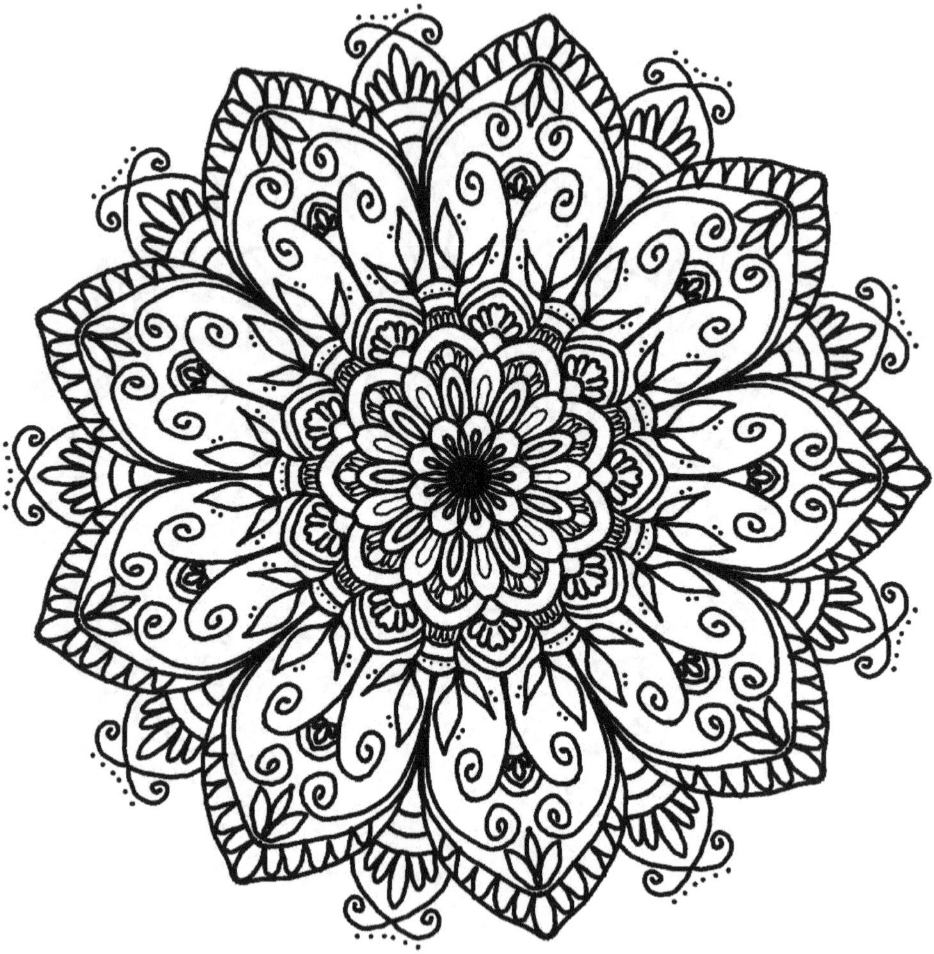

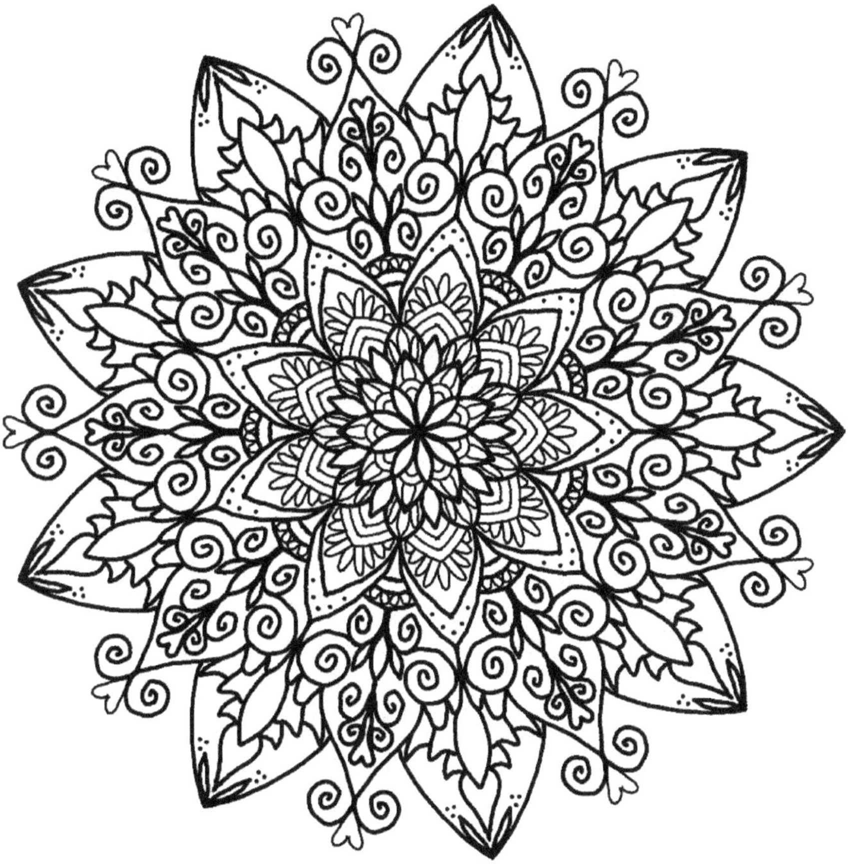

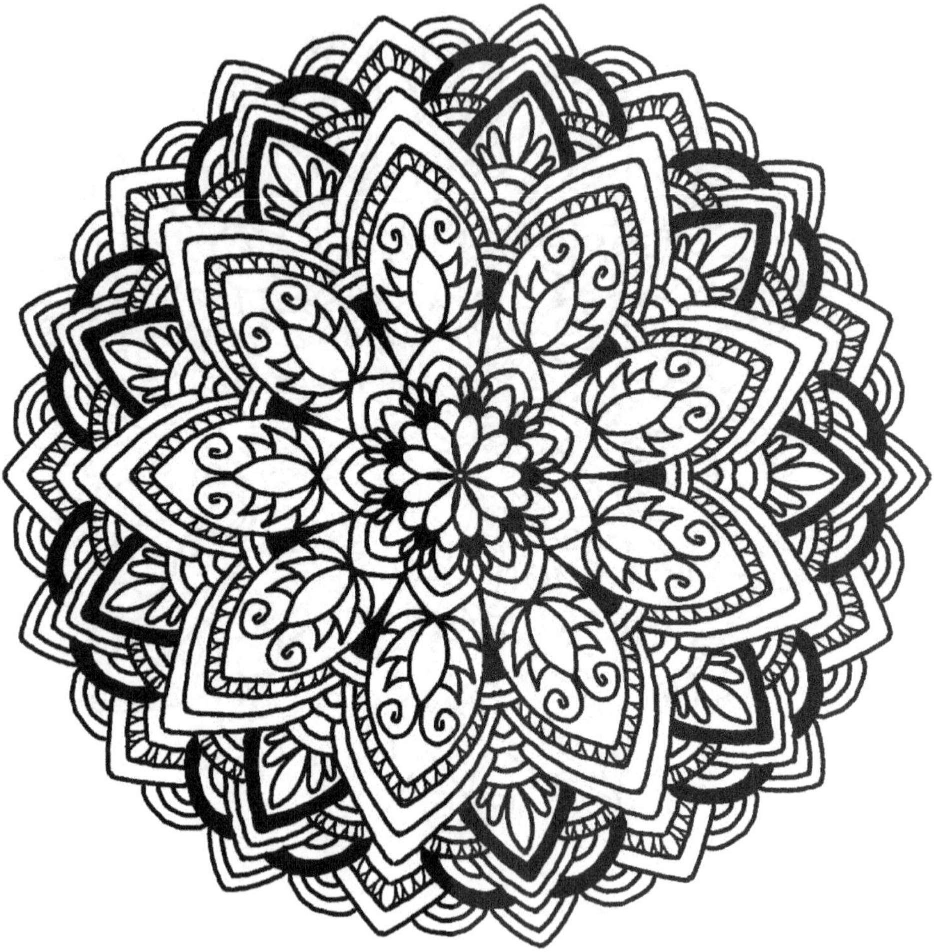

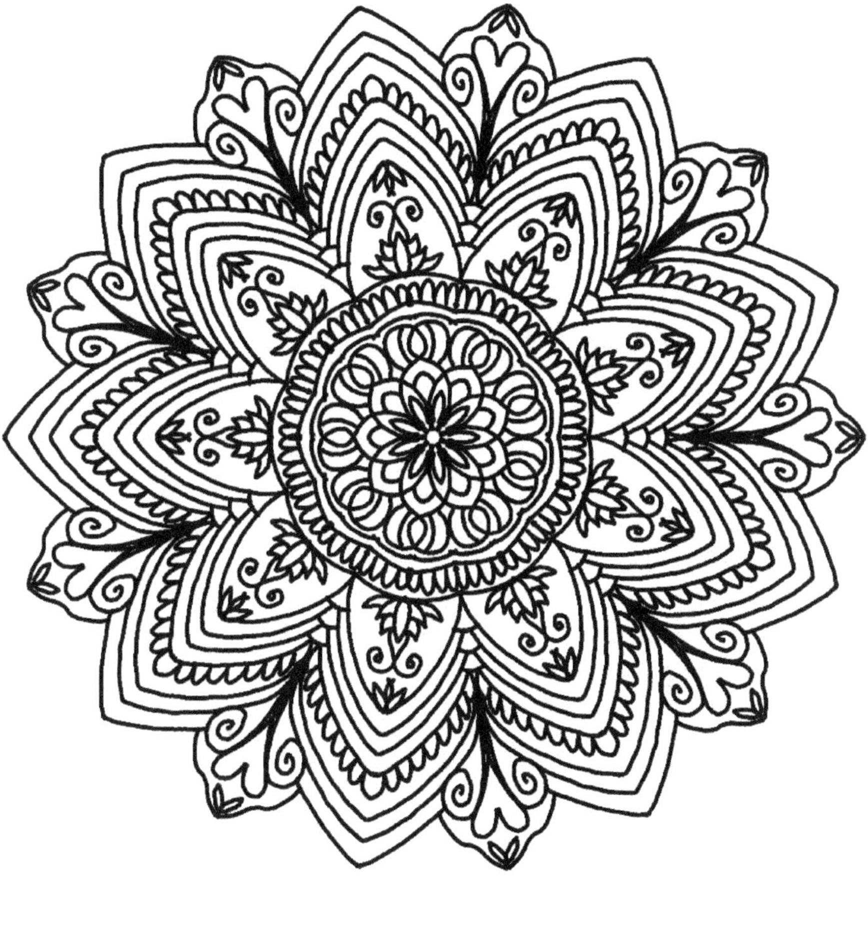

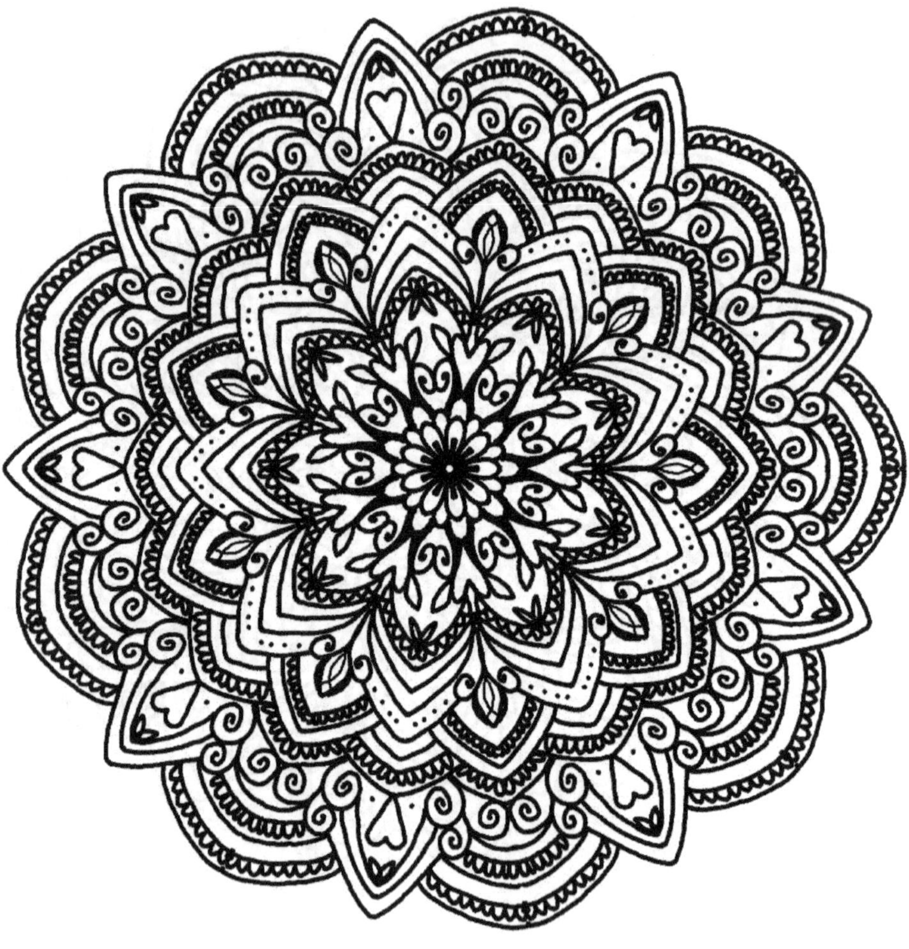

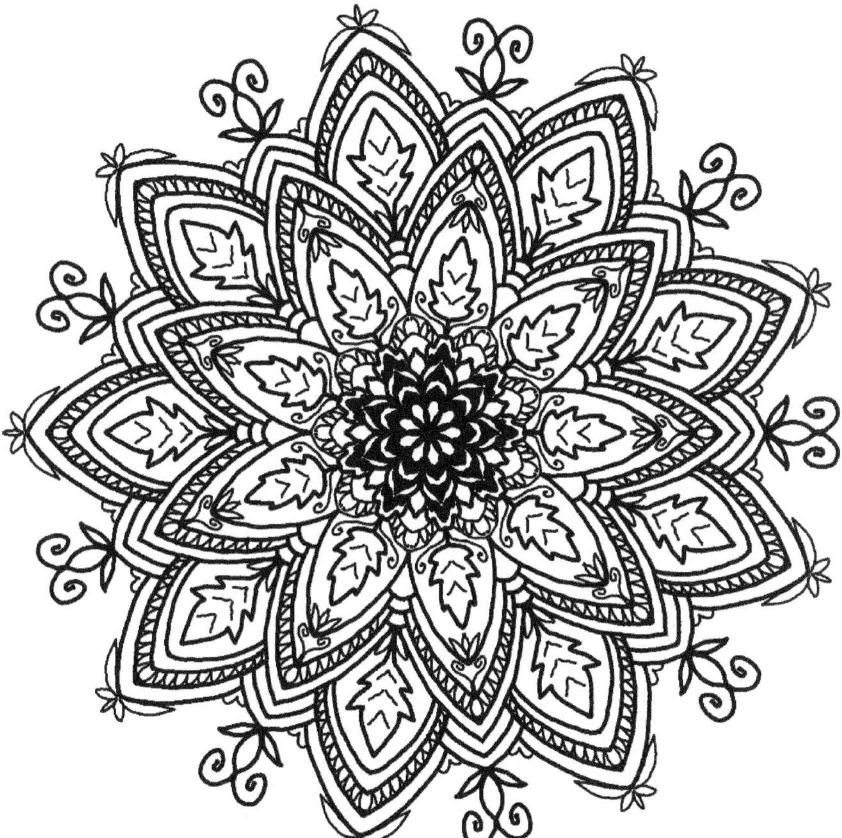

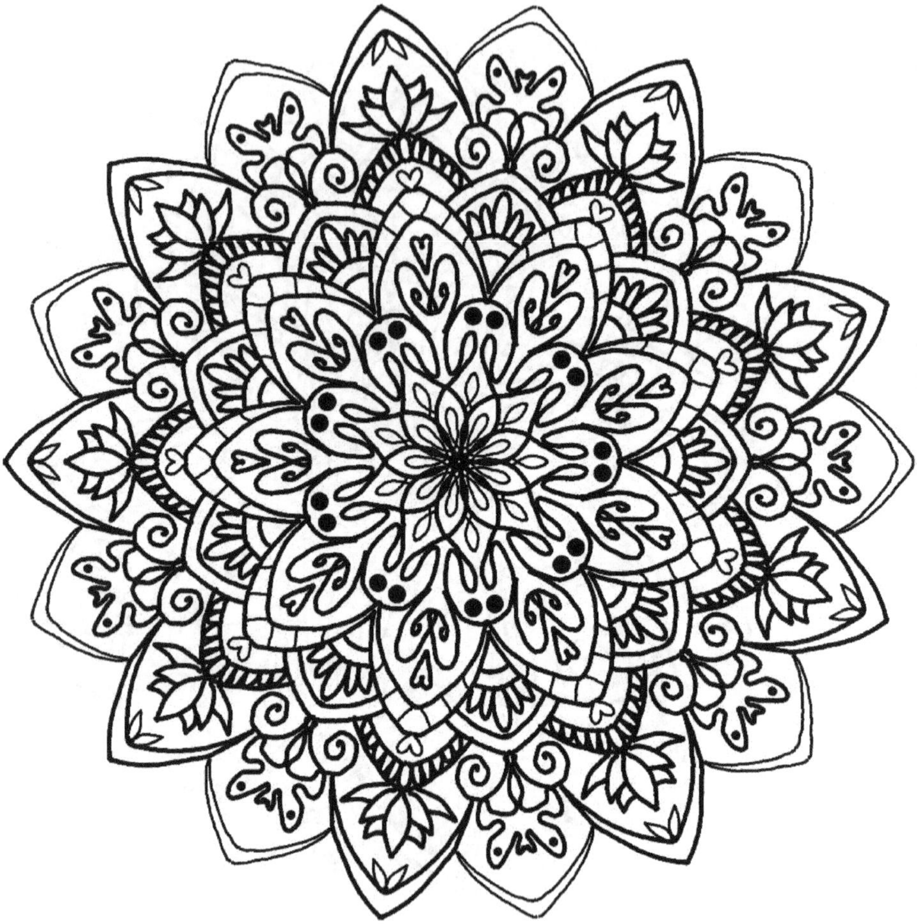

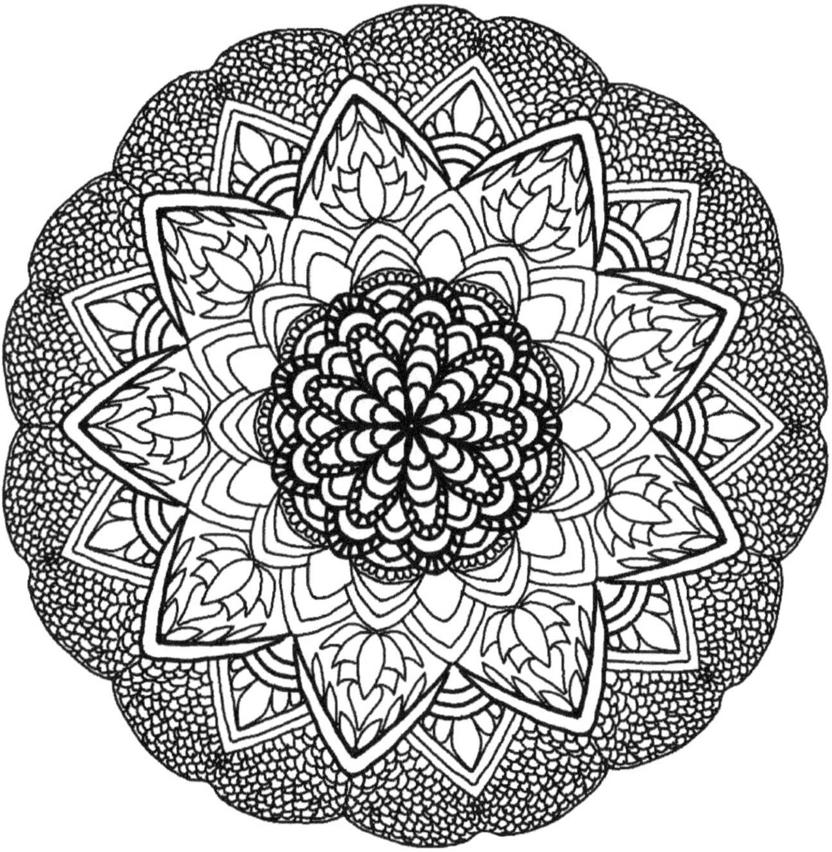

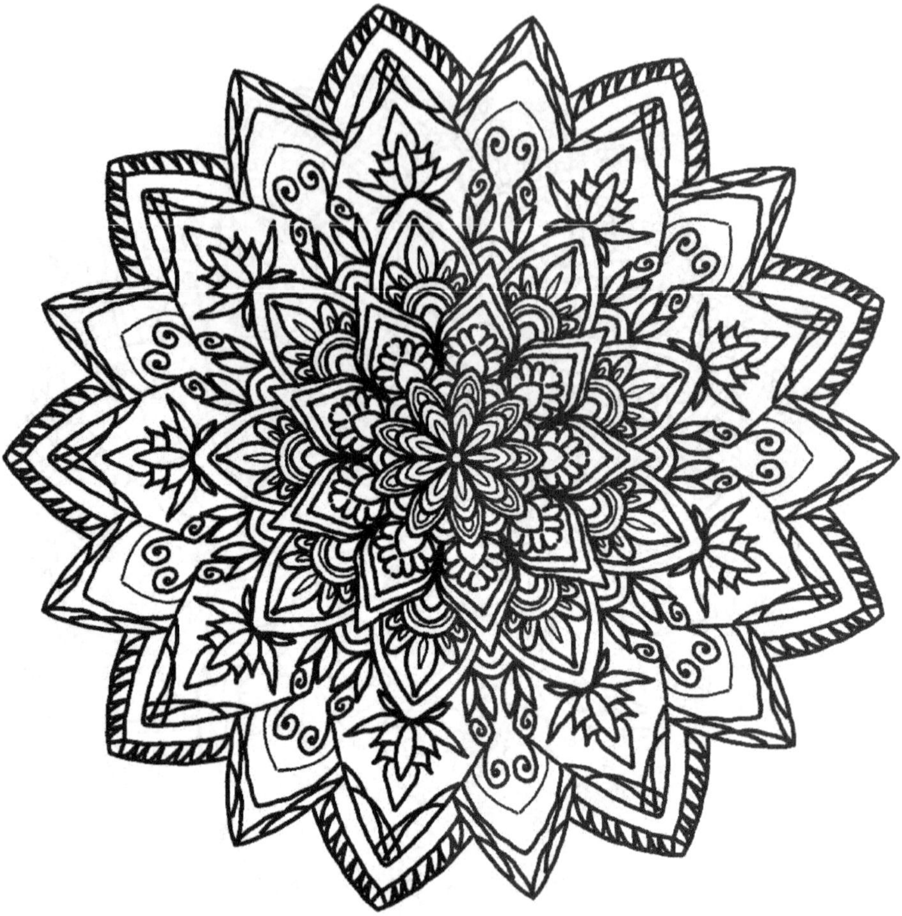

www.ingramcontent.com/pod-product-compliance
Lightning Source LLC
Chambersburg PA
CBHW061224180526
45170CB00003B/1153
* 9 7 8 1 5 4 1 1 9 4 0 1 4 *